YOUXIHUA DE QINZI YUEDU

| 早 期 阅 读 教 育 小 丛 书 |

游戏化的亲子阅读

主　编：李倩敏

副主编：黄永娴

编　委：伍春虹　张美莲　李秀玲
　　　　张少珍　陈　湛　何淑芬
　　　　李淑贞　张　华

北京师范大学出版集团
BEIJING NORMAL UNIVERSITY PUBLISHING GROUP
北京师范大学出版社

图书在版编目（CIP）数据

游戏化的亲子阅读 ／ 李倩敏主编．—北京：北京师范大学出版社，2021.6
（早期阅读教育小丛书）
ISBN 978-7-303-26841-2

Ⅰ．①游… Ⅱ．①李… Ⅲ．①阅读课－教学研究－学前教育 Ⅳ．① G613.2

中国版本图书馆 CIP 数据核字（2021）第 039556 号

营 销 中 心 电 话   010-58802755 58801876

出版发行：北京师范大学出版社 www.bnup.com
　　　　　北京市西城区新街口外大街 12-3 号
　　　　　邮政编码：100088
印　　刷：天津市宝文印务有限公司
经　　销：全国新华书店
开　　本：787mm×1092mm　1/16
印　　张：13.25
字　　数：237 千字
版　　次：2021 年 6 月第 1 版
印　　次：2021 年 6 月第 1 次印刷
定　　价：65.00 元

策划编辑：于晓晴　　　　　　　责任编辑：郭　瑜
美术编辑：焦　丽　　　　　　　装帧设计：焦　丽
责任校对：段立超　　　　　　　责任印制：陈　涛

版权所有 侵权必究
反盗版、侵权举报电话：010-58800697
北京读者服务部电话：010-58808104
外埠邮购电话：010-58808083
本书如有印装质量问题，请与印制管理部联系调换。
印制管理部电话：010-58808284

写在前面的话

　　每次给家长做亲子阅读方面的讲座，在互动交流时，总有家长问："家里的孩子对书没兴趣，不愿意配合一起阅读，怎么办？"我一直在思考这个问题。

　　近年来，我和黄永娴老师经常到幼儿园、图书馆、福利院、特殊学校、社区服务中心给不同年龄段的孩子讲故事。我们发现用游戏的方式组织故事会，场域的气氛特别好，孩子们的兴趣特别浓郁。由此而想，能否把游戏引入亲子阅读中，让孩子与家长一起在游戏中阅读，在阅读中游戏呢？

　　我们将这一设想付诸行动，并以此为契机，以"家园共育下早期亲子阅读策略研究"为题申报了广东省教育科研"十三五"规划2017年度教育科研项目。课题立项后，我和黄永娴老师在中山市小榄明德中心幼儿园、江门市外经贸幼儿园、江门市新会区会城菱东幼儿园、鹤山市碧桂园幼儿园开展了游戏化亲子阅读的探索。我们先培训教师；然后由教师寻找蕴含游戏元素的绘本，根据孩子的年龄特征撰写"游戏化亲子阅读案例"，我和黄永娴老师带领课题组的教师反复斟酌修改案例；再让教师用修改后的案例指导家长进行游戏化亲子阅读。

　　经过一段时间的努力探索，我们发现游戏化亲子阅读是早期亲子阅读的一种有效形式，它对提高幼儿阅读的兴趣、增强幼儿对阅读内容的理解有积极作用。为了让游戏化亲子阅读能在早期亲子阅读中得到广泛推广，我们把研究所得结缀成集，形成了题为《游戏化的亲子阅读》一书。本书充分体现了课题"家园共育下早期亲子阅读策略研究"的重要成果，我们相信它对一线教师指导家长开展亲子阅读将提供有益的参考和指引，对广大家长陪伴孩子阅读也将是一个好助手、好指南。

　　本书由五章组成。第一章为绪论，主要介绍了早期游戏化亲子阅读的缘起、依据、价值，游戏和早期阅读的关系，以及早期游戏化亲子阅读的设计和实施；第二章到第五章分别针对0～3、3～4、4～5和5～6岁四个年龄段幼儿的阅读特点共精选了58个早期游戏化亲子阅读案例。本书由李倩敏老师担任主编，负责书稿的策划、协调和统筹工作；黄永娴老师担任副主编，负责早期游戏化亲子阅读案例的收集和统稿。第一章的内容由李倩敏和黄永娴执笔，第二至第五章的案例主要由中山市小榄明德中心幼儿园、江门市外经贸幼儿园、江门市新会区会城菱东幼儿园、鹤山市碧桂园幼儿园的一线教师提供。

早期游戏化亲子阅读是一种新尝试、新探索，它的提出是从设想开始的，它的落地主要是依靠一线教师的摸索和家长们的实践。此书得以顺利出版，特别感谢伍春虹、张美莲、李秀玲和张少珍四位园长在实践探索和案例收集上的鼎力支持，以及相关一线教师和家长们的全力配合！在此，我们一并表示诚挚的谢意！

由于编者能力有限，在书稿撰写过程中难免有考虑不够成熟甚至错漏之处。同时，实验园广度的不足对研究成果的深度也存在一定的制约，恳请读者、同行、专家谅解并不吝指教！

本书编者

2021 年 1 月

目　录

第四章　游戏化亲子阅读：4~5 岁篇

第五章　游戏化亲子阅读：5～6 岁篇

结　语

第一章 绪 论

——原来早期游戏化亲子阅读这么有趣

一、遇 见
——当早期亲子阅读遇上游戏

（一）早期游戏化亲子阅读的缘起

近年来，早期亲子阅读已不是新鲜事，许多家长都认识到了早期亲子阅读的重要性。2017 年 8 月，我们利用问卷星对广东省 2253 名学龄前儿童的家长进行调查，其中 90.77% 的家长与孩子开展了亲子阅读；在这些家长中，76.48% 的家长在孩子 3 岁之前已经开始进行亲子阅读，部分家长在孩子刚出生后，甚至怀孕期间，就已开始亲子阅读。

在亲子阅读的实践中，家长们的困惑主要集中在如何更好地开展亲子阅读。在问卷调查中，关于"在亲子阅读中最大的困惑是什么？"这一问题，选择最大困惑为"寻找合适的阅读方式"的占 41.17%；选择最大困惑为"难以坚持"和"孩子不喜欢阅读"的分别占 44.5% 和 12.3%，这两大困惑的原因是多方面的，"没有找到合适的阅读方式"是其中一个主要的原因。倘若能找到亲子阅读的最佳方式，掌握这把金钥匙，家长坚持亲子阅读的可能性会大大增强，也能更好地引导孩子爱上阅读。

要寻找早期亲子阅读合适的阅读方式，首先要弄清"家长 书籍—儿童"三者的内涵和关系。"儿童"和"家长"在本书中专指 0～6 岁的儿童及其家长，"书籍"专指图画书（或称绘本），它是"专门为儿童设计的一种文学和艺术形式"，"是适合亲子共同阅读的一种理想读物"[1]。在亲子阅读中，儿童是阅读主体，图画书是阅读对象，家长是陪伴者、引导者。日本"绘本之父"松居直先生曾说过："绘本并非是让孩子自己读的，而应该由大人读给孩子听。"[2] 这一说法简明道出

---

① 周兢：《给 0～3 岁孩子的 60 本图画书》，7～8 页，深圳，海天出版社，2016。
② ［日］松居直：《如何给孩子读绘本》，林静译，12 页，天津，北京联合出版公司，2017。

了三者的关系。在这一理念的倡导下我们提倡非功利的亲子共读的方式：大人读文字，孩子看图。这种亲子共读方式符合儿童的年龄特征，家长操作起来也简便。它能解决那些"难以坚持陪伴阅读"的家长的苦恼，因为越是简便的方式，越能让人坚持。如果阅读的书籍选对了，儿童也愿意配合，坚持用这种方式进行亲子共读，儿童的阅读兴趣增长和阅读习惯改善很快就会看到成效。

可在实践中，并非每个孩子都能配合家长一起亲子阅读，正如问卷调查的数据显示，12%的孩子不喜欢阅读。此外，也有不少孩子要求家长一遍又一遍阅读，家长为此困惑不已。在这样的情况下，我们又在思考，除了上述的亲子阅读方式外，还有没有其他的亲子阅读方式呢？英国教育家洛克曾说：教育儿童的主要技巧是把儿童应做的事变成一种游戏。游戏是孩子成长中最主要的学习方式，我们能否在亲子阅读中引入游戏元素，让家长以游戏化的方式与孩子阅读绘本？基于这样的考虑，我们提出了"早期游戏化亲子阅读"的概念。我们认为早期游戏化亲子阅读是成人（父母）在对阅读材料进行解读后，结合学龄前儿童的身心发展特点与能力水平，将阅读材料中可操作的部分转化为亲子互动游戏，让儿童在参与游戏过程中获得愉悦的情绪以及亲子间紧密的联系，不断激发其阅读兴趣，逐步帮助儿童养成阅读习惯与阅读技能的过程。

（二）早期游戏化亲子阅读的依据

开展游戏化亲子阅读的主要依据是阅读主体和阅读对象，这两者的特点决定了游戏化亲子阅读实施的可行性。

从阅读主体看，首先，喜欢游戏是儿童与生俱来的。我国著名教育家陈鹤琴先生在《幼稚教育》一书中谈道："游戏也是儿童生来喜欢的。儿童的生活可以说就是游戏。儿童既然有这种强烈的本性，我们就可以利用这个动机去教导他。"[①]借助游戏的方式介入亲子阅读，这是顺应儿童的天性，因势利导的阅读方式。其次，游戏是儿童的学习方式。正如日本幼教专家本吉圆子所说：孩子仅仅聆听语言的说明是不能学到东西的。孩子要通过自身整个身体与外界事物的接触才能得

---

① 陈鹤琴：《幼稚教育》，49 页，南京，南京师范大学出版社，2012。

到教育，通过手及身体的接触使身心和头脑运作起来。孩子非常热心于游戏。正因为孩子有这样的热情，才会从游戏中得到成长。他们并不是单纯地玩着高兴，而是专心地投入到一件事当中。只有这样的投入才会产生让孩子震撼的感动和喜悦。2012 年 10 月教育部颁布的《3～6 岁儿童学习与发展指南》明确指出："幼儿的学习是以直接经验为基础，在游戏和日常生活中进行的。"可见，以游戏的形式开展阅读是符合幼儿特点的学习方式的。

从阅读对象看，图画书中蕴含着丰富的游戏元素，为开展游戏化亲子阅读奠定了坚实的基础。有些图画书通过不同的装帧形式，让书本身就成了一本游戏书。适合 0～3 岁孩子阅读的图画书很多都属于游戏书。例如，配有摇铃、魔术贴等多种训练材质的布画书（拉拉书），专为孩子洗澡时玩耍设计的洗澡书，还有触摸书、声响书、嗅觉书、立体书等。有些图画书可根据书中的内容特点挖掘游戏元素。例如，故事类图画书的人物和情节往往会为开展游戏活动提供可能性，儿歌散文类图画书呈现的动作和意境常常是游戏设计的重要依据……

在早期亲子阅读中，作为陪伴者和引导者的家长把游戏和阅读相结合，让孩了在游戏中阅读，这种阅读方式是切实可行的。

（三）早期游戏化亲子阅读的价值

第一，增强阅读的兴趣。没有谁天生就喜欢阅读，阅读兴趣是需要培养的。尤其在电子产品流行的时代，要让孩子爱上纸质读物，就更需要从小培养。尽管图画书有图画，但由于图画书的阅读是属于静态阅读，与动态的动画片、手机游戏相比，后者对孩子来说更有吸引力。既然游戏是孩子的天性，那么以游戏的方式进行亲子阅读，便能更好地调动孩子多种感官参与，让他们在游戏情境中产生阅读的兴趣，理解阅读的内容，让他们感觉阅读就像玩游戏一样有意思。例如，在阅读《会说话的手》之前，家长可以跟孩子一起玩一玩手部传统游戏"翻花绳""拍手背"，通过游戏让孩子加深对手的认识，引起阅读的兴趣。

第二，提升亲子阅读的质量。脑科学研究表明，游戏不是学习的敌人，而是学习的伙伴。因为孩子游戏的时候，大脑的血清素会增多，情绪会特别好。同时，大脑还会产生一种神经营养素——"脑源性神经营养因子"，它使神经元产生新的分叉，增加神经网络连接的密度。孩子的神经网络愈密，就愈有机会触类旁通，产生新的想法。[1]因此，在亲子阅读中，倘若能把游戏与阅读相结合，让孩子在游戏中阅读，在阅读中游戏，使他们在游戏中链接日常生活，获得丰富的快乐体验，不仅能调动孩子参与阅读的兴趣，为他们今后养成阅读的习惯奠定基础，而且有效加深孩子对阅读内容的理解，让他们在阅读中思考并萌生一系列新的点子：可能会要求家长再陪读一次、两次甚至多次，可能会提出一连串的奇怪问题，可能会跟家长聊一些天马行空的话题，等等。这一系列的作用和反应，恰恰是英国著名儿童文学阅读推广人艾登·钱伯斯提出的所谓"阅读循环"（见下图）中的"回应"部分。获得"回应"非常重要，只有阅读中有了积极的回应，形成有效的双向互动，才能更好地引导孩子迈入更深层次的阅读，家长继续陪同阅读的动力也才能更充足。

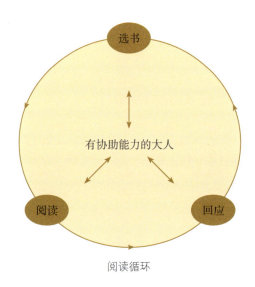

阅读循环

---

① 洪兰：《游戏与阅读》，6 页，台北，信宜基金出版社，2016。

二、对 话
——早期亲子阅读与游戏的关系

（一）游戏是早期亲子阅读的一种活动形式

在早期亲子阅读中，阅读方式不是唯一的，游戏化的亲子阅读只是其中的一种。在早期游戏化亲子阅读的过程中，所有的游戏既是以阅读为依托，包括选择游戏化的阅读材料、游戏化的阅读方式；又是以阅读为最终的落脚点，包括在游戏中激发阅读兴趣、养成良好的阅读习惯以及提升阅读能力。家长只有把握好了这一重要前提，游戏才能有迹可循，有规可守。

（二）游戏是早期亲子阅读的一种心理状态

松居直认为图画书不是教科书，不是问题集，而是让孩子高兴的东西。儿童在阅读中获得良好的感觉是非常关键的，这种感觉能成为儿童积极探索的内驱力，推动儿童产生持续的阅读行为。因此，在游戏化亲子阅读活动的设计与实施过程中，成人需要更多地关注儿童是否在游戏中产生积极情绪，摒弃"游戏或阅读能让孩子学到什么"这种功利性的想法，把亲子阅读当成是享受亲子快乐时光的方式而非智力开发的手段，带着探索儿童生命的一分好奇，保持开放与接纳的态度与儿童互动，以游戏的状态进行阅读，让孩子感受阅读的乐趣。

（三）游戏是早期亲子阅读的一种互动模式

没有一个儿童不爱阅读，也没有一个儿童天生就爱阅读，儿童的阅读行为是后天形成的，亲子陪伴与良性互动是儿童与阅读之间产生关系的重要催化剂。尤其在亲子阅读初期，儿童是基于在与成人互动的过程中得到了充分的心理营养，包括安全感、依恋感、归属感以及价值感等，进而对阅读材料与内容产生兴趣的。游戏是亲子阅读中产生良性互动与提升亲子关系的有效手段，借助游戏开展亲子阅读活动，既顺应了儿童的心理发展的需要，又遵循了亲子阅读发展的规律。游戏中儿童的自主性与参与性是判断儿童游戏是否有效的重要指标，因此，在游戏化亲子阅读活动中，成人应把儿童的需要放在首位，把游戏的权利交还给儿童，在做好陪伴者与观察者角色的基础上进行游戏的引领。

三、结　合
——早期游戏化亲子阅读活动的设计和实施

（一）早期游戏化亲子阅读活动的设计

1. 基于阅读材料形式的特点

早期亲子阅读中最主要的阅读材料是绘本。适合低幼儿童阅读的绘本特别注重包装，这些绘本在材质与设计方面具有多样化与独特性的特点。常见的类型有手偶书、洞洞书、触摸书、抽拉书、翻翻书等，每一种类型具备的功能是不一样的。例如，手偶书是以立体手偶的方式呈现内容，手偶就是亲子互动的绝佳道具，家长可以在讲故事的过程中配合手偶游戏与孩子进行互动，使故事活起来，一起玩，从而带来亲子阅读的游戏化效果。洞洞书和触摸书则强调阅读过程中给予孩子不同的感官刺激，锻炼孩子的精细动作。家长可以结合绘本的特点，引导孩子摸一摸、说一说，通过触摸不同材质的页面来刺激孩子的感官。抽拉书与翻翻书则通过拉一拉、翻一翻的设计带给亲子阅读神秘感，比较适合设计猜谜、听辨反应等游戏，配合成人带有神秘与夸张色彩的语言、表情及翻阅动作，可提升孩子、家长、阅读材料之间的密切程度，增强阅读互动性。可见，绘本不同的材质与不同的设计可以给亲子阅读的游戏化带来很好的启发。

2. 基于阅读材料内容的特点

绘本的内容是儿童现实世界的真实写照，记录着他们生活与思想中的点点滴滴，许多绘本的情节本身就蕴含了儿童特别喜欢的游戏规则与玩法，本书收纳了许多基于故事情节而设计的游戏。例如，《公主和小马》描述了两个战队为了得出胜负开始纸球大作战，这是一个非常有趣的比赛。从这一情节直接延伸出亲子游戏"纸球大作战",不仅巩固了孩子对于故事情节的理解,更因游戏带来的积极情绪而强化了孩子对绘本阅读的积极性,提升了亲子关系。此外,对于3~6岁的孩子而言,角色游戏和表演游戏是他们乐于不断尝试和体验的游戏。同时,对他们的成长来说,角色游戏和表演游戏都具有十分重要的意义,儿童可以透过角色的扮演与表演了解与表达世界。因此,对于内容上具有重复性对话、情节结构简单、角色单纯等特点的绘本,家长都可以依据绘本某些部分的内容进行亲子间角色的扮演与表演。例如,《猜猜我有多爱你》里有大兔子和小兔子的深情对话,他们有一个固定的语言表达方式"我爱你,像……",在亲子阅读过程中,家长可以与孩子一起进行故事角色的对话,也可以引领孩子用自己喜欢的方式创造性地表达出自己的爱。

3. 基于婴幼儿年龄的特点

亲子阅读中的游戏设计不仅要好玩,更要适宜。也就是游戏的难易程度要与幼儿的发展特点和能力水平相匹配,这样的游戏才是具有价值的。心理学家皮亚杰依据儿童认知发展的特点把游戏划分为四大类,即感知觉游戏、象征性游戏、结构游戏、规则游戏。这四种类型的游戏贯穿整个童年,是儿童与外部环境互动的重要途径。皮亚杰认为,2岁以前为感觉运动阶段,儿童的游戏以感知觉游戏为主,在游戏中强调调动他们用全身感觉器官来感受物品和材料,关注视、听、嗅、味、触等感知觉的发展与平衡。2~7岁为前运算阶段,象征游戏与结构游戏在此阶段不断增加并逐渐走向成熟。象征性游戏是运用角色、物品、动作等进行想象、假象与表演,3岁以后主要以角色游戏的形式呈现。结构游戏是指儿童按照一定的计划或目的来组织物体或游戏材料,使之呈现一定的形式或结构的活动,包括拼图、积木、泥工、木工、黏土创作等。7~11岁为具体运算阶段,此阶段以规则游戏为主。规则游戏是两个以上游戏者在一起按照预先的规则进行的具有竞赛性质的游戏。

依据皮亚杰关于游戏的分类、学前儿童的发展与需要、早期亲子阅读的特点等,本书在内容编排上以年龄作为主要的区分维度,分别划分出0~3岁、3~4岁、4~5岁、5~6岁四个篇章的游戏化案例。0~3岁的游戏化设计中以感知觉游戏为主，抓住儿童感知觉发展的敏感期，调动儿童的各种感官开展游戏化亲子阅读，阅读中强调亲子互动与情感交流。例如，游戏化亲子阅读案例 *Who's hiding in the Ocean?* 中，家长通过模拟大海里所听的、所见的、所闻的来调动儿童的感官进行联想，进行海底世界的探索，充分满足了儿童的感官需要，激发了儿童阅读的兴趣。3~4 岁、4~5 岁两个阶段的游戏化设计以角色游戏与结构游戏为主，阅读中强调儿童对于内容的理解与思考，鼓励儿童在游戏中用自己喜欢的方式对内容进行表达。例如，"最奇妙的蛋""屎壳郎喜欢圆形"的游戏设计都充分考虑了儿童对角色扮演的需要以及尊重了绘本内容，通过游戏深化了儿童对于绘本故事的理解，提升了儿童的表达能力。5~6 岁时在原来基础上逐步增加规则游戏，阅读中强调儿童对阅读内容的反思，游戏中更注重提升儿童的观察能力、推理能力。例如，游戏化阅读活动"卵，如此安宁"，设计者根据绘本的内容萌生了设计飞行棋游戏的想法；"疯狂星期二"设计者则以故事中的侦探角色作为启发点，设计出小小侦探寻宝游戏，儿童需要在规定的时间、地点与游戏规则的背景下，完成游戏。这些游戏都带有明确的规则，儿童需要达到一定的社会化程度才能更好地使自身的行为遵循游戏规则，并努力争取获胜。

值得注意的是，绘本本身是适合 0~99 岁的读者阅读的书籍，也就是说同一绘本可以适合不同年龄阶段的儿童阅读，只是不同的儿童关注的重点会不一样。同样，同一内容可以设计出不同层次与难度的游戏，在选择阅读内容与游戏的过程中，需要做到的是游戏的难度与儿童的阅读水平相匹配。成人心中要有幼儿，才能选择或设计出适合游戏化亲子阅读的活动。

游戏化亲子阅读中，游戏是亲子阅读的支架，在成人合理的引领下，儿童通过摸一摸、看一看、听一听、闻一闻、动一动、演一演等方式尽情参与，亲子阅读变得立体化与形象化，从而让儿童在感知、体验的基础上建构新的认知经验，激发阅读兴趣，养成良好的阅读习惯，形成阅读技能并最终过渡到自主阅读。

（二）早期游戏化亲子阅读活动的实施

1. 把握阅读教育主旨

早期游戏化亲子阅读的教育主旨是阅读，借助游戏的形式进行亲子阅读是为了激发儿童的阅读兴趣、增强儿童对阅读内容的理解，其最终的目的是要建立儿童与书籍的关系，在儿童内心培养他们对书籍和阅读的热爱。

因此，我们在进行早期游戏化亲子阅读时要遵循阅读的规律，首次阅读时，先采用亲子共读的常用方式，即"孩子翻看绘本的图画，家长讲述绘本的文字"，不要随意破坏孩子阅读中的整体感知。尤其切忌以边阅读边游戏的方式进行首次阅读（非故事类的绘本除外）。

2. 建立阅读与游戏之间的联结

"阅读"和"游戏"的有机结合，需要找到一个契合点。契合点找对了，游戏就能提升亲子阅读的效果；否则，亲子阅读就会陷入胶着状态，阅读不像阅读，游戏不像游戏。一般而言，契合点的确定以不破坏孩子的完整阅读为原则，可以选择在"阅读前"或"阅读后"，即可以在"阅读前"和"阅读后"进行亲子游戏。如果遇到非故事类的绘本，例如，片段式的绘本《大卫惹麻烦》，科普类的绘本《蚯蚓的日记》《我长大了》，也可以在"阅读中"进行亲子游戏。在"阅读中"进行亲子游戏时，要留意游戏的时间和孩子的兴趣点。如果游戏时间较长或孩子对游戏的兴趣很浓郁，建议将游戏放在"阅读后"进行。例如，《卵，如此安宁》根据绘本页面的特点设计了棋类方面的游戏。这类游戏花费的时间较长，虽然这是科普类绘本，但也建议游戏在"阅读后"进行。

不管是"阅读前""阅读后"还是"阅读中"进行亲子游戏，都需要一样东西把阅读和游戏联结起来，即衔接语。衔接语的设计要简单明了，若配合游戏道具向孩子道出，会更形象生动。例如，《卵，如此安宁》从阅读进入游戏时，家长翻到"卵如棋盘般摆放"那页，拿出飞行棋的骰子和棋子跟孩子说："我们能不能在这里下棋呢？"通过商量式的衔接语，从阅读过渡到游戏。

本书各游戏化亲子阅读案例中"游戏化亲子阅读的建议"部分对游戏如何与

阅读联结这一问题有具体的指引，可供家长参考。

☆ 3. 操作指南

（1）"阅读前"的亲子游戏

"阅读前"进行的亲子游戏主要起激趣的作用，激发孩子阅读的兴趣，使其带着一分好奇、一种热情进入阅读。尤其对于不喜欢阅读或者对某本绘本不感兴趣的孩子，建议在"阅读前"进行与阅读内容有关的亲子游戏。家长可以按照以下步骤操作。

第一，熟读绘本。家长分别从图画、文字和图文结合的角度阅读绘本，熟练掌握绘本的内容。

第二，游戏互动。家长可以从阅读的内容挖掘游戏元素，根据孩子的年龄特点设计相关游戏。

第三，共读绘本。家长与孩子一起翻看绘本的图画，并由家长讲述绘本的文字内容。

第四，重复阅读。首次阅读完毕，观察孩子的反应，家长可根据孩子的兴趣和特点，结合其反应，选择孩子喜欢的亲子共读方式反复阅读。

（2）"阅读后"的亲子游戏

"阅读后"进行的亲子游戏不仅能加深孩子对阅读内容的理解，还能让孩子感受阅读之乐，从而点燃孩子再次阅读的兴趣和热情。家长可以按照以下步骤操作。

第一，熟读绘本。家长分别从图画、文字和图文结合的角度阅读绘本，熟练掌握绘本的内容。

第二，共读绘本。家长与孩子一起翻看绘本的图画，并由家长讲述绘本的文字内容。

第三，游戏互动。家长可以从阅读的内容挖掘游戏元素，根据孩子的年龄特点设计相关游戏，与孩子互动。

第四，重复阅读。可根据孩子的兴趣和特点，选择孩子喜欢的亲子共读方式反复阅读。

当然，"阅读前"和"阅读后"进行亲子游戏不是非此即彼的关系，既可以

"阅读前"或"阅读后"进行亲子游戏，也可以两者同时进行，采取哪种方式，主要取决于家长个人对绘本的分析和理解，以及对孩子兴趣和特点的判断。

　　现在，让我们看几段亲子互动视频，一起体验一下游戏化亲子阅读的乐趣。

第二章　游戏化亲子阅读：0~3岁篇

我会说我在这　我会说 Hi 你好！

绘本内容介绍

《我会说我在这》和《我会说 Hi 你好！》（叶婷娟、魏晓玲等）是两本生活类图画书。两个小故事的主角都是小狐狸聪聪。聪聪特别有礼貌，只要长辈们一喊："聪聪！"聪聪就会立刻回应："哎，我在这！"大家都喜欢跟聪聪玩，因为聪聪有一个秘密武器。他见到谁，都会说："Hi，你好！我能和你们一起玩吗？"

亲子阅读游戏 1　我是主角

游戏来源

这个小故事通过聪聪和长辈们一问一答的对话展开内容，根据故事《我会说我在这》的内容特点设计语言游戏"我是主角"。

游戏目的

通过游戏，一方面训练孩子的反应力和语言表达能力；另一方面培养孩子礼貌回应长辈的习惯。

游戏材料

无。

游戏玩法

引导孩子扮演聪聪，妈妈扮演聪聪妈妈，爸爸扮演聪聪爸爸。分配好角色后，家长和孩子根据故事内容进行对话。

亲子阅读游戏 2　　主角是我

游戏来源

与游戏 1 一样的是游戏的灵感也来自绘本《我会说我在这》对话式的内容特点，与其不同的是该游戏把书中的情景延伸到生活情境中，让孩子做游戏的主角。

游戏目的

在游戏 1 的基础上进行生活情境中的游戏，进一步训练孩子的反应力和语言表达能力，让孩子更为熟练地礼貌回应长辈。

游戏材料

无。

游戏玩法

妈妈、爸爸分别到厨房、书房喊："宝贝儿（或孩子的名字）!"孩子迅速回应："妈妈，我在这!""爸爸，我在这!"

亲子阅读游戏 3　　我们一起玩!

游戏来源

来自同伴间的对话，孩子想跟伙伴玩，不仅要使用礼貌用语，还得征求伙伴的意见，根据绘本《我会说 Hi 你好!》的内容设计语言游戏"我们一起玩!"

游戏目的

通过游戏，培养孩子的口头表达能力及交往技巧。

游戏材料

手指偶。

游戏玩法

1. 孩子一根手指套上一个手指偶，家长的手指套上两三个手指偶。
2. 孩子一边晃动手指偶，一边说："Hi，你们好! 我们能一起玩吗？"
3. 家长一边晃动手指偶，一边说："好哇! 来吧!"

游戏化亲子阅读的建议

　　上述游戏适合在亲子阅读后进行。亲子间的互动游戏不仅能增强孩子阅读的兴趣，而且还能加深孩子对绘本内容的理解，让孩子逐步把绘本的内容内化为日常的行为。

（设计者：广东省江门幼儿师范高等专科学校　李倩敏）

Who's hiding in the Ocean?

绘本内容介绍

Who's hiding in the Ocean? 是一本抽拉式的立体绘本。从内容上看，绘本内容主要描述的是海底各种小动物藏在不同的地方。绘本的图画设计形象鲜明，文字上以句子"Who's hiding in the Ocean?"为主。绘本阅读过程中，各种不同的动物通过抽拉的方式被呈现出来。

亲子阅读游戏 1 　小动物来了

游戏来源

本游戏是根据绘本的翻页特点来设计的，属于认知与猜谜游戏。

游戏目的

培养孩子的观察力，锻炼孩子的手眼协调能力，增强亲子间的感情。

游戏材料

无。

游戏玩法

1. 观察封面，指认海马、海星和小鱼，并发出咕噜咕噜的声音，调动听觉注意。

2. 书中涉及八爪鱼、螃蟹、大鲨鱼等动物出场。翻阅过程中要做到以下几点：

（1）尽量引导孩子推拉书本，在推拉中满足好奇心和手部的操作欲望。

（2）八爪鱼出现时，家长双臂和双手变成八爪鱼，把孩子的身体缠住。

（3）螃蟹出现时，妈妈用手指在孩子身上"横行"，动作要时快时慢，富有变化。

（4）大鲨鱼出现前，妈妈可以模拟大鲨鱼吞吃食物的声音，引起孩子好奇再拉出图像。

（5）小乌龟出现时，妈妈引导孩子一起变成乌龟慢慢地爬行。

游戏化亲子阅读的建议

此游戏适合在亲子阅读中进行。

亲子阅读游戏 2　可爱的小鱼游游游

游戏来源

本游戏的设计灵感来源于故事的情节。小鱼在海底游来游去，自由自在，心情愉悦。

游戏目的

通过角色扮演让孩子体会小鱼的动作，通过亲子互动增进亲子感情。

游戏材料

无。

游戏玩法

1. 妈妈用手变作小鱼，在孩子身上游动。游到身体某个位置，模拟小鱼亲吻孩子身体的声音和动作。

可配合语言：妈妈的小鱼游游游，游到宝宝肚子里！am~am~am~

妈妈的小鱼游游游，游到宝宝肩膀上！am~am~am~

妈妈的小鱼游游游，游到宝宝小脚上！am~am~am~

2. 角色调换，引导孩子模仿妈妈小鱼游的动作。

3. 亲子（妈妈和孩子）合作变成大鲨鱼，在房间或客厅游走觅食，爸爸当小鱼，大鲨鱼（妈妈和孩子）捕到小鱼（爸爸）后，把小鱼（爸爸）"吃掉"。

扮演大鲨鱼的动作要领：家长横抱孩子，孩子手腿伸直面背朝上。

游戏化亲子阅读的建议

亲子阅读后，家长向孩子发出亲子游戏的邀请。

（设计者：广东江门幼儿师范高等专科学校　黄永娴）

抱　抱

绘本内容介绍

　　《抱抱》([英]杰兹·阿波罗，文、图；上谊编辑部，译)是一个充满爱的故事。小猩猩有一天在森林里散步，看到了大象母子亲密地拥抱在一起，于是小猩猩就感慨地说出："抱抱。"走着走着，小猩猩又发现了变色龙母子和蟒蛇母子也分别亲密地抱在一起，于是小猩猩又说出了："抱抱。"然后，失望地走开了。这时，大象母子发现了失落的小猩猩，让小猩猩坐在了象妈妈的头上一起前进。沿途，小猩猩还遇到了小狮子一家、长颈鹿母子和河马母子，大家都用各自亲密的方式依偎在一起，小猩猩终于忍不住边哭边喊着："抱抱。"看着如此伤心的小猩猩，大家都关切地围着他。这时，远处传来了猩猩妈妈的呼喊声："宝宝。"小猩猩迫不及待地奔向猩猩妈妈的怀抱，并大喊着："妈妈，抱抱！"其他小动物看到了也情不自禁地喊出了："抱抱！"为了感谢大家，小猩猩为大家送上了大大的拥抱，于是，大家都开心地互相拥抱起来。

亲子阅读游戏 1　　大大的拥抱

游戏来源

　　本游戏的设计灵感来源于故事中出现的拥抱情节。拥抱是表达爱最直接的方式之一，相信不管是孩子还是大人都会非常享受。

游戏目的

　　源于故事情节的游戏让孩子体验故事人物当时的情绪变化，通过亲子互动，增进亲子间的感情，彼此间建立更深厚的感情，感受不一样的爱。

游戏材料

无。

游戏玩法

1. 让孩子逐一和家庭成员拥抱。
2. 家庭成员之间相互拥抱。

大大的拥抱

游戏化亲子阅读的建议

　　在亲子共读绘本名字时，家长可以给孩子一个拥抱以增加亲子间的联结；亲子完整阅读绘本内容后，家长引导孩子模仿绘本角色与家庭成员进行拥抱互动。

亲子阅读游戏 2　身体对对碰

游戏来源

　　本游戏的设计灵感来源于故事中每种动物都有自己不同的拥抱方式，考虑0～3岁孩子的特点，可以让孩子通过不同的方式拥抱自己的不同部位、拥抱家人。

游戏目的

通过本游戏用抱抱传递出彼此间的爱，让孩子爱自己、爱家人，在充满爱的环境中成长，做一个有爱的人。

游戏材料

无。

游戏玩法

1. 分角色，一位家庭成员负责发号施令，其他成员为游戏参与者。

2. 游戏者问："1、2、3，抱哪里？"发号施令者回应："抱××（此处可以是身体的某个部位或家庭中任何一个物品或地方）！"看谁反应快又准。

3. 游戏最后，发号施令者可以发出指令："抱一起！"亲子紧紧抱在一起，增进彼此拥抱的感受。

身体对对碰

游戏化亲子阅读的建议

家长引导孩子在阅读中观察不同动物的拥抱方式，阅读结束后依据本游戏的玩法与孩子进行互动，以此作为阅读的延伸。家长可以跟孩子说："我们像大象妈妈和大象宝宝一样拥抱，好吗？""我们像猩猩妈妈和小猩猩一样拥抱，好吗？"

（设计者：鹤山市碧桂园幼儿园　余洁瑜）

脸，脸，各种各样的脸

绘本内容介绍

《脸，脸，各种各样的脸》（［日］柳原康平，文、图；小林、小熊，译）是一本能给大小读者带来快乐的绘本。绘本中脸的表情随着形状和线条的变化而变化，绘本呈现出各种各样的脸：快乐的脸、悲伤的脸、笑的脸、哭的脸、生气的脸、睡着的脸、苦恼的脸、调皮捣蛋的脸……

亲子阅读游戏 1　　表情猜猜猜

游戏来源

本游戏的设计灵感来源于绘本故事里面各种古灵精怪的表情，3 岁前的孩子模仿能力很强，对各种各样的脸部变化也会有浓厚的兴趣，通过游戏可以增进彼此之间的情感。

游戏目的

通过模仿感受不同表情带来的相应内心活动，激发孩子阅读绘本的兴趣。

游戏材料

无。

游戏玩法

1. 妈妈或者爸爸来模仿书中各种各样的表情（表情可以夸张点）。

2. 让孩子猜出妈妈或者爸爸模仿的表情，并翻到绘本中脸部表情与之对应的那一页。

3. 孩子若能完成第二步，可以给予适当的奖励。

亲子阅读游戏 2   表情变变变

游戏来源

这是一本帮助孩子认识自我、认识自己各种情绪的绘本。游戏设计的灵感来自绘本的内容。

游戏目的

让孩子通过动手操作游戏材料，感知面部表情的变化以及情绪的表达方式。

游戏材料

不同颜色的卡纸。

游戏玩法

1. 游戏开始前妈妈可以先告诉孩子脸是怎样构成的，先玩一个"鼻子眼睛"的游戏，让孩子熟悉五官的位置。

2. 进入手工制作游戏。

（1）把一张浅颜色的卡纸剪成圆形，制作一张没有五官的脸。

（2）家长与孩子用卡纸剪出表情不一的五官，在没有五官的脸上拼贴不同的五官，如笑眯眯的眼睛，加上一个露出牙齿的嘴巴，或者是微微下垂的嘴巴等。

表情变变变

（3）拼凑以后，爸爸妈妈引导孩子把表情做出来，爸爸妈妈可以伴随各种表情发出不同的声音，例如，哇哇哇地哭、哈哈哈地笑、吼吼吼地生气等。

游戏化亲子阅读的建议

家长在阅读中重点引导孩子观察脸的构成与表情变化，阅读后可参考上述两个游戏的方案与孩子进行互动，通过游戏深化孩子对阅读内容的理解。

（设计者：江门市外经贸幼儿园   梁淑华）

小蓝和小黄

绘本内容介绍

　　《小蓝和小黄》（李欧·李奥尼，文、图；彭懿，译）讲述了小蓝和小黄这一对好朋友的故事。它们的家就在街对面。它们会一起上学、一起放学、一起玩耍。有一天蓝妈妈出门后，小蓝偷溜出去找小黄玩，找了很久才在角落里找到了小黄，由于太开心，小黄和小蓝紧紧地抱在一起，最后变成了"绿"。"绿"去了很多地方玩，玩累后回家，蓝爸爸、蓝妈妈以及黄爸爸、黄妈妈都不认得它们了，于是"绿"就非常伤心，不停地哭泣，流下了黄色和蓝色的眼泪，后来黄眼泪聚拢在一起变回了小黄，蓝眼泪聚拢在一起变成了小蓝。然后小蓝和小黄先回到小蓝家，小黄和蓝爸爸妈妈拥抱变成了"绿"，最后大家才终于弄明白是怎么一回事。

亲子阅读游戏 1　　我是魔术师

游戏来源

　　本游戏的设计灵感来源于故事中小黄和小蓝的拥抱。故事其中一个情节是：小蓝找到小黄后紧紧地拥抱在一起变成了"绿"。那么孩子肯定也会非常想尝试一下神奇的变色游戏。

游戏目的

　　体验故事的趣味性，通过亲子合作玩色彩、变魔术，了解基本的色彩变化，激发阅读的兴趣。

游戏材料

塑料瓶、颜料、水。

游戏玩法

1. 家长用塑料瓶装半瓶水，并在瓶盖上挤上颜料，盖好。

2. 请孩子摇晃瓶子，观察水的颜色变化，并探究魔术的奥秘。

3. 家长协助孩子在装有颜色的水的瓶盖上挤上与瓶子里的水不一样颜色的颜料，重复步骤2，看看不同的颜色相遇会发生什么变化。

我是魔术师

亲子阅读游戏2   彩色的泡泡

游戏来源

《小蓝和小黄》让孩子知道了颜色的变化，根据主题延伸可以设计更多有关颜色的玩法，其中吹泡泡是非常适合亲子进行的颜色游戏。

游戏目的

知道颜色的多种玩法，体验亲子合作的乐趣，提升动手操作能力。

游戏材料

杯子、洗洁精、色素、吸管、白纸。

游戏玩法

1. 家长用洗洁精调制出几杯泡泡水，在泡泡水里滴上色素。

2. 用吸管吹至泡泡溢出，把白纸覆盖上去。

3. 可以用其他颜料稍加装饰，把泡泡设计成各种造型。

4. 也可用蘸取过泡泡水的吸管对着白纸直接吹出泡泡，让泡泡自然滴落在白纸上印出不同的色彩与图形。

（安全提示：家长要提醒孩子用吹的方式完成活动，防止吸进颜料水。）

彩色的泡泡 2

彩色的泡泡 1　　　　　　　　　　　　彩色的泡泡 3

游戏化亲子阅读的建议

　　家长在阅读过程中引导孩子观察黄色和蓝色相互碰撞发生的变化，阅读后跟孩子说："蓝色和黄色相互碰撞，会变成什么颜色呢？"家长可参考上述两个游戏方案与孩子进行亲子互动，与孩子一起见证颜色的变化。

（设计者：鹤山市碧桂园幼儿园　吴俊慧）

好饿的小蛇

绘本内容介绍

　　《好饿的小蛇》（［日］宫西达也，文、图；彭懿，译）是一本趣味盎然的绘本。作者从封面开始讲述故事，好饿的小蛇扭来扭去在散步，它发现一个圆圆的苹果，好饿的小蛇会怎样？当然是"啊呜—咕嘟"一口把苹果吞掉，它的肚子也变成了一个苹果的形状。接下来，它还吃了一根香蕉、一个饭团、一串葡萄、一个带刺的菠萝，最后还爬到一棵长满苹果的大树顶上，张开大嘴，从上到下把整棵大树吞下。这样吞的话，小蛇会怎样呢？继续翻到环衬页和封底，答案就跃然纸上。

亲子阅读游戏 1　　闭上眼，猜一猜

游戏来源

　　游戏设计的灵感来自前后环衬页的画面内容。前环衬的画面内容是小蛇出没的地点——森林，森林里只有一棵长满苹果的大树；后环衬的画面内容也是小蛇出没的地点——森林，森林里那棵长满苹果的大树不见了，取而代之的是一个树墩。

游戏目的

　　培养孩子的观察力，激发他们阅读绘本的兴趣。

游戏材料

　　苹果、梨、橙子各 1 个，1 块布。

游戏玩法

1. 在桌上摆放苹果、梨、橙子，让孩子说说桌上摆放了几个水果，分别是什么。

2. 用布把苹果、梨和橙子遮住，让孩子闭上眼睛，家长抽走其中一样水果。

3. 掀开布，让孩子睁开眼睛观察桌上的水果，少了哪一个。

游戏延伸

家长可根据孩子的认知情况，适当增加水果的种类和数量，增加游戏的难度。

游戏化亲子阅读的建议

此游戏适合在亲子阅读前进行，通过游戏调动孩子的参与积极性。

亲子阅读游戏 2　　我是好饿的小蛇

游戏来源

游戏设计的灵感来源于故事的情节。好饿的小蛇扭来扭去在散步，发现什么，就"啊呜"一口吞掉什么。

游戏目的

通过角色扮演让孩子体会小蛇的快乐。

游戏材料

苹果、葡萄、香蕉（可以是实物，也可以是道具），圣诞树。

游戏玩法

1. 在活动的地点分别摆放苹果、葡萄、香蕉、圣诞树。

2. 家长做旁白，孩子扮演小蛇。

家长：假如你是一条小蛇，你好饿好饿，到森林里寻找食物，你发现了一个苹果。

孩子（扭来扭去走路，开心地捧起苹果）："啊呜。"（假装把苹果吃下去，吃完后把苹果放下来，在腹部附近比画苹果的形状）

家长：吃完苹果，觉得还是饿，继续往前走，你发现一根香蕉。

孩子（扭来扭去走路，开心地捧起香蕉）："啊呜。"（假装把香蕉吃下去，吃完后把香蕉放下来，在腹部附近比画香蕉的形状）

家长：吃完香蕉，觉得还是饿，继续往前走，你发现一串葡萄。

孩子（扭来扭去走路，开心地捧起葡萄）："啊呜。"（假装把葡萄吃下去，吃完后把葡萄放下来，在腹部附近比画葡萄的形状）

家长：吃完葡萄，觉得还是饿，继续往前走，你发现一棵圣诞树。

孩子（扭来扭去走路，开心地从上往下抱住圣诞树）："啊呜。"（假装把圣诞树吞下去，吞完后把圣诞树放下来）"啊！真好吃。"（一边说一边坐着或躺下呼呼大睡）

游戏化亲子阅读的建议

亲子阅读后，家长与孩子回顾绘本中小蛇吃的东西和身体发生的变化，并发出与孩子共同游戏的邀请，进而按游戏规则开展游戏。

（设计者：广东江门幼儿师范高等专科学校　李倩敏）

第三章　游戏化亲子阅读：3~4岁篇

会说话的点点

绘本内容介绍

《会说话的点点》([法]埃尔维·杜莱，著、绘；郑宇芳，译)中红、黄、蓝三个颜色的点点，发出各种各样的声音，连成了一个别具一格的故事。这是一本互动性特别强、非常有意思、受孩子们喜爱的书。

亲子阅读游戏 1　会说话的点点

游戏来源

本游戏的设计灵感来源于本书内容的表达形式。这是一本互动性极强的书，可以让孩子跟着父母随书中的点点一起快快、慢慢，或轻声、高声地表达。

游戏目的

体验创意图书的乐趣；亲子互动游戏，激发孩子阅读的兴趣。

游戏材料

无。

游戏玩法

1. 父母和孩子先一起阅读一次。

2. 根据书中的情节，一起玩声音的游戏，或高或低或急促或舒缓，感知声音的变化与点点之间的关系。

游戏化亲子阅读的建议

这个游戏在阅读过程中进行，让孩子体验阅读中游戏，游戏中阅读的快乐。

亲子阅读游戏 2   点点连连看

游戏来源

本游戏的设计灵感来源于本书的主角——红、黄、蓝三个点，引导孩子在红、黄、蓝三个点的基础上进行创意绘画。

游戏目的

激发创意思维和对色彩的感知、情绪的表达。

游戏材料

红、黄、蓝的颜料，画笔，大纸张，水桶。

游戏玩法

亲子在纸上画点点画图画，家长发出指令，孩子听指令画点点画。

1. 分颜色连点点。

（1）家长可以说："把所有红色点点都连起来！"

（2）家长可以说："绕开所有黄色的点点吧！把其他点点连起来。"

2. 创意添画。

（1）可以在点点上添画，创意出一幅图画。

（2）将所有的创意画画都装订起来，或者挂在墙上，让孩子自己给点点编个故事。

点点连连看 1

点点连连看 2

游戏化亲子阅读的建议

　　亲子阅读后家长提出一起制作"会说话的点点"，可保持孩子对绘本内容的兴趣。

（设计者：江门市萌芽少儿阅读中心　强隽）

我们去钓鱼吧

绘本内容介绍

　　《我们去钓鱼吧》（车艳青，编；太空蜗牛，绘）是一本关于幼儿性格培养的绘本故事，故事中的小熊妈妈和小熊宝宝约定了明天去钓鱼。可是，雨下了一整晚，小熊宝宝情绪有点失落。妈妈一次又一次地安慰小熊，小熊每次得到妈妈的安慰后，都能开心地接受。虽然到了故事的最后，小熊还是没能到外面去钓鱼，但小熊没有伤心，还愉快地与妈妈进行了约定："下个星期我们去钓鱼，好吗？"

亲子阅读游戏 1　　添画小鱼

游戏来源

　　本游戏来源于绘本的图画设计。《我们去钓鱼吧》其中一页，描绘了"小熊钓到了一条小鱼"的情境，从小鱼身上漂亮的图案萌生"添画小鱼"游戏，让孩子为小鱼设计衣服，充分发挥孩子丰富的想象力。

游戏目的

　　通过本游戏让孩子学习在图形上添画各种线条来表现小鱼的特征；在添画花纹和涂色的过程中训练孩子的耐性。

游戏材料

　　各种颜色的卡纸、剪刀、蜡笔或水彩笔。

游戏玩法

　　1. 家长在卡纸上绘画小鱼轮廓。

添画小鱼

2. 利用剪刀把小鱼剪下来。

3. 孩子利用蜡笔或水彩笔为小鱼添画不同图案的衣服。

游戏化亲子阅读的建议

在亲子阅读结束后，家长可引导孩子思考：如果小熊宝宝下星期跟妈妈去钓鱼，会钓到什么样的鱼呢？让孩子展开联想与表达后，家长可以跟宝宝说："我们一起把刚才所说的鱼制作出来，好吗？"然后亲子共同制作小鱼。

亲子阅读游戏2　钓　鱼

游戏来源

本游戏的设计灵感来源于故事中呈现的钓鱼情节。故事中的一个情节是：小熊接受了妈妈的建议，在家里的鱼缸旁进行钓鱼。小熊玩得很开心，这也是一个有趣的点子。

游戏目的

让孩子体验故事里面有趣的钓鱼游戏，通过亲子互动与合作，激发孩子阅读故事的兴趣，提升孩子的内在力量。

游戏材料

已制作好的小鱼、订书机、磁铁、透明胶、两支铅笔、两根细线。

游戏玩法

1. 家长和孩子按照游戏1的方式制作若干条小鱼，并在小鱼的头部订上书钉。

2. 鱼竿的制作：细线的一头系在铅笔上，另一头用透明胶粘好磁铁。用这个方法制作两根鱼竿。

　　3. 把制作好的小鱼撒在小桌子上，家长陪同孩子一起进行钓鱼游戏。

　　4. 家长和孩子可以进行比赛，在一定时间内钓鱼最多者为胜利方。

钓　鱼

游戏延伸

　　若要增加游戏的趣味性，可以变化游戏的形式，例如，在小鱼的背后写上 10 以内的加法，供孩子计算。

　　游戏化亲子阅读的建议

　　　　亲子阅读后，家长引导孩子回顾绘本故事中小熊与妈妈是如何约定去钓鱼的，进而带领孩子扮演绘本中的角色，一起进行钓鱼游戏。

　　　　　　　　　　　　　　　　（设计者：江门市外经贸幼儿园　赵苑仪）

我爱我的家

绘本内容介绍

　　《我爱我的家》（[韩]朴伦庆，著；[韩]金二浪，绘；闫娉，译）是一本关于"家"的绘本，它讲述了这样一个故事：某年夏天，一个年轻小伙和一个美貌姑娘相遇了，两个喜欢旅行的人渐渐相爱结婚。不久后，由于"我"的出生，带给他们的除了充实、忙碌、争吵，更多的是开心、快乐和幸福。有时"我"会帮爸爸妈妈做家务，他们也会帮我拼拼图；有时"我"会和妹妹分享玩具，很开心；有时也会意见不一致，很生气；有时爸爸妈妈会和"我"分开，"我"很失落；有时"我"有一点点进步，爸爸妈妈会很惊讶。用书里面的一句话说：家人啊，无论何时都心连着心，幸福就是一家人永远在一起。

亲子阅读游戏 1　　好玩的滑梯

游戏来源

　　本游戏的设计灵感来源于故事中与家人的趣事分享情节。其中说到"我家是个游戏场，爸爸的腿是滑梯"，很多孩子在和爸爸互动的时候也会经常拿爸爸的腿当滑梯，这是深受孩子喜欢的亲子游戏。

游戏目的

　　增强孩子的运动能力和合作意识，增进亲子间的感情。

游戏材料

　　选择一处干净安全的场所，例如，草地、地板、床上……

游戏玩法

1. 家长把腿伸直，像滑梯一样，把孩子反抱过来，让孩子背对着家长坐在大腿上，双手抱住孩子的腋下，让孩子有节奏地从家长大腿滑到脚面。

2. 家长坐在床上或地板上，屈膝，脚掌着地，孩子从家长膝盖处往下滑。

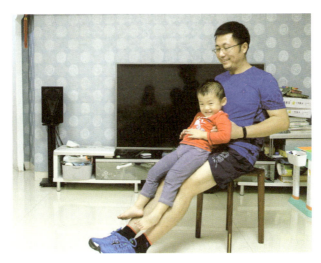

好玩的滑梯

注意事项

1. 在游戏过程中，刚开始，家长可以让孩子慢慢地滑，然后加快滑行的速度，让孩子有个适应的过程，以免孩子过于紧张。

2. 孩子滑行时，家长要注意安全。让孩子沿着家长双腿往下滑，以免孩子受伤。

3. 为了增加趣味，家长可以双脚或单脚有节奏上下颠簸，逗引孩子。

亲子阅读游戏 2　开火车

游戏来源

本游戏的设计灵感来源于故事中与家人的趣事分享情节。亲子间的趣事，除了拿爸爸的腿当滑梯，还可以和爸爸妈妈玩"开火车"的游戏，"开火车"也是很多孩子喜欢与家人进行的游戏之一。

游戏目的

锻炼孩子的身体协调能力，促进手臂肌肉的发展，培养孩子步调一致的协作精神，增进亲子间的感情互动。

游戏材料

选择一处干净安全的地方，例如，草地、地板、床上……

游戏玩法

1. 爸爸居前，作为车头；妈妈、孩子居后，作为车厢，站成一列。双手作为轮子，在胸前绕转。

2. 爸爸手膝着地，作为火车头，妈妈和孩子一前一后，双手轻轻抓住前一人的两只脚，作为车轮，双腿膝盖着地，作为车厢，大家步调一致向前行。

开火车 1

开火车 2

游戏延伸

　　游戏熟悉以后，家长手脚着地，拱着背部当"山洞"，让孩子从"山洞"爬过。可以由父母两人同时当"山洞"，也可以父母一人当"山洞"，另一人则陪孩子一起爬。等孩子动作熟练了，可以增加难度，让"山洞"变低或变窄来增加游戏的趣味性。

开火车 3

游戏化亲子阅读的建议

　　亲子阅读后，家长对孩子的出生为家庭带来的欢乐致谢，并参考上述两个游戏的方案发出亲子游戏的邀请，通过游戏提升亲子间的情感。

（设计者：江门市新会区会城菱东幼儿园　汪灿）

水果们的晚会

绘本内容介绍

　　《水果们的晚会》(杨唤，著；龚云鹏，绘)是一本诗歌绘本，诗歌中描写到水果屋中的钟声响了十二下，各种美丽的水果"醒"来了。绘本巧妙地运用夜风和虫儿的伴奏，引得水果们纷纷出场，第一个出场的是香蕉姑娘，接着是凤梨小姐、龙眼先生、西瓜和甘蔗的滑稽胖瘦组合……水果们五颜六色、形状各异，一个个像小精灵一样。他们唱歌又跳舞，个个脸上洋溢着欢快的笑容。

亲子阅读游戏 1　　水果大集合

游戏来源

这个游戏的设计来源于绘本内容。晚会中各种水果表现得调皮有趣，设计一个"水果大集合"音乐游戏，使绘本内容更具趣味性。

游戏目的

通过本游戏感受拍打节奏的乐趣。

游戏材料

不锈钢碟子和筷子。

游戏玩法

1. 按照节拍打拍子。(把碟子反过来，按照节奏打拍子)

```
×  ×| ×× ××| ×  ×| ×× ××| × -|
```
来 来 我是 一个 苹果 果果 果果 果
来 来 我是 一个 雪梨 梨梨 梨梨 梨
来 来 我是 一个 葡萄 萄萄 萄萄 萄
来 来 我是 一个 西瓜 瓜瓜 瓜瓜 瓜

2. 亲子轮流拍打，请孩子创编不同的水果以及水果节奏。

游戏化亲子阅读的建议

亲子阅读后，家长引导孩子思考："水果们的晚会开始了，你觉得水果们的心情是怎样的？"由此引出亲子进行"水果大集合"的节奏游戏，进一步渲染绘本故事的气氛。

亲子阅读游戏 2　猜水果大比拼

游戏来源

本游戏的设计灵感来源于这个故事有丰富的水果品种，绘本中说到香蕉姑娘和凤梨小姐跳舞，西瓜和甘蔗胖瘦组合……各种水果有着不同的特征，让孩子们通过触觉带着神秘感去猜水果。

游戏目的

通过本游戏让孩子认识多种水果，在游戏中锻炼孩子的专注力和观察能力。

游戏材料

各种水果若干、口袋1个。

游戏玩法

1. 摸一摸：家长把水果放进神秘口袋，请孩子伸手进去，摸一摸，并猜出自己摸到了哪种水果。

2. 说一说：由家长通过语言描述一种水果，孩子猜出名字。熟悉游戏玩法后请孩子描述一种水果，家长来猜一猜。

3. 比一比：爸爸给出一个范畴，妈妈和孩子比赛，看谁说出的水果多。例如，爸爸说"黄色的水果"，妈妈和孩子就轮流说出黄色的水果有哪些。

猜水果大比拼 1   猜水果大比拼 2

游戏化亲子阅读的建议

　　此游戏可安排在亲子阅读前，通过游戏调动孩子的阅读积极性，引出绘本主题。

（设计者：鹤山市碧桂园幼儿园　何艳丹）

棕色的熊、棕色的熊，你在看什么？

绘本内容介绍

《棕色的熊、棕色的熊，你在看什么？》（［美］比尔·马丁，文；［美］艾瑞·卡尔，图；李坤珊，译）是一本儿歌类的绘本。通过一问一答、重复的韵律与节奏，让小朋友认识各种可爱的动物。

绘本的图画由艾瑞·卡尔所创作，他采用拼贴的方式构图，画风独特简约、图画色调鲜明，深受孩子的喜欢。

亲子阅读游戏 1 　找朋友

游戏来源

本游戏的设计灵感来源于故事内容，不同的颜色跟不同的动物搭配，例如，红色的鸟、黄色的鸭子、蓝色的马等。由此萌生了让孩子根据绘本的内容"找朋友"的游戏。

游戏目的

通过本游戏，激发孩子对故事的兴趣，增强亲子互动与合作，在"找朋友"的过程中，提高孩子对颜色和动物的认识。

游戏材料

与绘本内容相一致的动物图片、操作单。

游戏玩法

找朋友示意图 1

1. 孩子根据操作单上的颜色，找出相对应颜色的小动物。

找朋友示意图 2   找朋友示意图 3

2. 孩子完成操作单后，父母重新讲述一次故事，孩子判断操作是否正确。

亲子阅读游戏 2   你问我答

游戏来源

本游戏的设计灵感来源于绘本文字内容的结构特点。"棕色的熊、棕色的熊，你在看什么？""我看见一只红色的鸟在看我。""红色的鸟、红色的鸟，你在看什么？""我看见一只黄色的鸭子在看我"……作者比尔·马丁通过有规律的一问一答形式展开绘本内容，由此萌生了语言游戏"你问我答"。

游戏目的

培养孩子的语言表达能力，让孩子体会到阅读的快乐。

游戏玩法

1. 根据绘本文字内容，家长发问，孩子回答。

［例］家长问：棕色的熊、棕色的熊，你在看什么？

　　　　孩子答：我看见一只红色的鸟在看我。

2. 家长引导孩子根据回答的内容设计肢体动作。

［例］红色的鸟（双臂展开，上下摆动）

　　　黄色的鸭子（摇摇摆摆地走路）

3. 在孩子熟悉绘本内容后，可对绘本进行创编。

［例］家长问：棕色的熊、棕色的熊，你在看什么？

　　　孩子答：我看见一只粉红色的鸟在看我。

　　　家长问：粉红色的鸟、粉红色的鸟，你在看什么？

　　　孩子答：我看见一只橙色的老虎在看我。

你问我答 1

你问我答 2

你问我答 3

你问我答 4

游戏化亲子阅读的建议

　　上述两个游戏可在阅读后进行，亲子阅读后家长参照设计方案与孩子开展游戏活动，既能加深孩子对绘本内容的理解，也能训练孩子的语言表达能力和想象力。

（设计者：江门市外经贸幼儿园　谭素仪）

驴小弟变石头

绘本内容介绍

　　《驴小弟变石头》（［美］威廉·史塔克，文、图；张剑鸣，译）讲述了一个温馨而又神奇的故事。在一个下雨天，驴小弟捡到了一块可以实现他愿望的魔法石。于是，他将魔法石带回了家。突然，他看见了一头狮子正在草丛里瞪着他，情急之下，他把自己变成了一块石头。之后经历种种挫折，驴小弟最终变回了他原来的样子，与他的亲人团圆了。这个故事让小朋友深刻地感受到了失去孩子的爸爸妈妈有多么痛苦，不能回到爸爸妈妈身边的孩子又是多么孤苦无助，从而充分体现了珍惜家人比什么都重要。故事告诉读者，遇到任何挫折都要坚强，带着希望勇闯难关，也许就会有意想不到的收获。

亲子阅读游戏 1　　寻石记

游戏来源

　　本游戏的设计灵感来源于故事中红色的石头被发现的情节。红色的石头第一次是被驴小弟发现的，第二次是被他的爸爸——顿肯先生发现的。这个情节运用到现实中也是非常有趣的，需要孩子善于观察。

游戏目的

　　体验故事人物的心情，激发阅读的兴趣，培养孩子的专注力与观察力。

游戏材料

　　大小适中的红色小石头 10 块（可以用纸球代替）、带提示的地图 1 张。

游戏玩法

1. 妈妈把石头分别藏在家里的某一个区域里（如书房、客厅、卧室等），并制作提示地图。

2. 爸爸与孩子根据妈妈提供的提示地图开始寻宝。

3. 10 块石头都被寻出来，游戏就结束，寻宝数量多者为胜。

寻石记

游戏化亲子阅读的建议

　　家长在亲子阅读后启发孩子回顾故事中驴小弟变成了什么样的石头，并引导他想象"如果你是驴小弟的爸爸妈妈，你能找到它吗"，进而延伸出游戏"寻石记"。

亲子阅读游戏 2　　宝贝在哪儿

游戏来源

　　故事中顿肯夫妇因为驴小弟没回家而着急地四处寻找。由于没有找到他，顿肯夫妇伤心、难过。故事结局顿肯夫妇找到了驴小弟，一家人拥抱在一起。依据该情节可以设计寻找游戏。

游戏目的

通过游戏体验驴爸爸驴妈妈的感受，同时通过亲子互动，增强亲子之间的联结，感受浓浓的爱意。

游戏材料

长布1块。

游戏玩法

1. 妈妈（或爸爸）当裁判员，爸爸（或妈妈）被布蒙住眼睛，然后开始数十下。

2. 在家长数数的时间里，孩子找个不遮挡身体的地方站好，纹丝不动、一声不吭。

3. 数完数后，爸爸（或妈妈）开始寻找孩子，在规定的时间内找到孩子后（若未找到孩子，裁判员可提示），给孩子一个大大的拥抱。

游戏化亲子阅读的建议

亲子阅读后，家长与孩子讨论故事中的爸爸妈妈都经历了怎样的心情，并提出进行"宝贝在哪儿"的互动游戏，亲子共同体验。

（设计者：鹤山市碧桂园幼儿园　王倩）

影　子

绘本内容介绍

《影子》（[韩]苏西·李）是一本充满着幻想的神奇绘本。故事中小女孩独自在阁楼里利用了电灯泡进入了一个充满着幻想的影子世界。在影子的世界里，只要小女孩天马行空大胆想象，影子世界就会变成她想象的样子。

亲子阅读游戏 1 　我的影子变变变

游戏来源

本游戏的设计灵感来源于绘本主题以及孩子的生活经验。生活中影子和光线之间可以发生神奇有趣的联系，光线强弱和远近的不同，导致影子的深浅和大小不同。通过玩"我的影子变变变"游戏，让孩子观察、了解影子的特点。

游戏目的

激发孩子对探索活动的兴趣，发展孩子的思维能力、探究能力，锻炼孩子身体动作的协调性和灵活性。

游戏材料

手电筒。

游戏玩法

1. 将房间里的灯都关掉，只打开手电筒。

2. 孩子面向墙壁站立，家长手握手电筒，变动手电筒的方向和手电筒与墙壁之间的距离，引导孩子观察影子的变化。家长和孩子的位置可以互换，让孩子尝试探索出影子的变化特点。

3. 家长利用光线做手影游戏，请孩子仔细观察手影的轮廓并说出手影代表的事物。家长和孩子可以互换位置，请孩子模仿家长的手部造型，摆弄出一样的手影。

我的影子变变变 1

我的影子变变变 2

游戏化亲子阅读的建议

　　本游戏可放在亲子阅读前，通过游戏激发孩子的阅读兴趣。

亲子阅读游戏 2　踩影子

游戏来源

　　踩影子是一项传统的民间游戏。生活中影子与我们形影不离，而踩影子的游戏可以很好地诠释影子的特点。

游戏目的

锻炼身体的灵活性，练习在一定范围内散跑，培养躲闪能力；体验在阳光下与家人追踩影子的乐趣；强化亲子间的感情，营造良好的家庭氛围。

游戏场地

光线充足且空旷安全的地方。

游戏玩法

1. 到户外光线充足的地方观察影子。

2. 在家长和孩子中任意选一方当主攻方，当主攻方的人要踩对方的影子，被踩到者为败，角色互换继续游戏。

3. 家长和孩子可互踩影子。双方可以随意散跑，但如果有一方停下来了，双方都要停止。直到一方开始活动，另一方才可以继续活动，以最先踩到对方影子者为赢家。

> **游戏化亲子阅读的建议**
>
> 　　本游戏可放在亲子阅读后，巩固孩子对绘本内容的理解。

（设计者：江门市新会区会城菱东幼儿园　黄君燕）

我爸爸

绘本内容介绍

《我爸爸》（[英]安东尼·布朗，文、图；余治莹，译）通过简单朴实的语言和精心设计的排比句式，用孩子的口吻和眼光来描绘一位既强壮又温柔的爸爸。他不仅能干，还温暖得像太阳一样，给予孩子充分的安全感。绘本的图画则以温暖的黄色为主。画面中的爸爸胖胖的，充满了慈祥的父爱。《我爸爸》放弃了以往爸爸西装革履的形象，以穿睡衣爸爸的形象出场，让爸爸更具亲和力。孩子眼中的爸爸，不就是穿着舒适的家居衣服吗？

亲子阅读游戏 1   开小船

游戏来源

本游戏的设计灵感来源于故事内容。绘本描述爸爸很强壮，从言语间表达出一个孩子对爸爸的崇拜。

游戏目的

通过亲子的互动与合作，促进孩子感统平衡，提升亲子关系。

游戏材料

大毛巾。

游戏玩法

1. 把大毛巾当成小船，孩子坐在大毛巾里面，手扶着大毛巾的两边以稳定身体。

2. 爸爸拉起大毛巾的另一头，拉动大毛巾表示开船。

3. 船可以在屋子里游动。

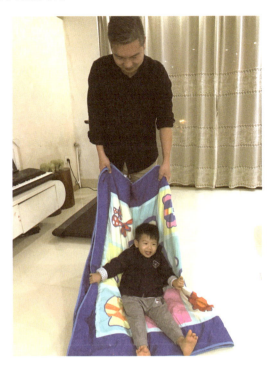

开小船

（设计者：中山市明德中心幼儿园　叶穗明）

亲子阅读游戏 2　过小桥穿山洞

游戏来源

游戏的灵感来自绘本的内容，绘本中的爸爸"什么都不怕，连坏蛋大野狼都不怕"，爸爸叉着腰，大野狼正灰溜溜地往外走，"我"爸爸是如此地威武有力，无所畏惧。更深层的原因是，能打败大野狼的爸爸可以提供给孩子安全的保障——不管是在身体上，还是在心理上。

游戏目的

通过游戏强化孩子在绘本中的感受，强化亲子间的鼓励与互动，营造积极互助的家庭氛围。

游戏材料

大毛巾、音乐。

游戏玩法

1. 爸爸妈妈拉着大毛巾的四个角，尽量拉平，让大毛巾变成一座桥的桥面，把孩子放在桥面上，鼓励孩子从桥的一端走到另一端（爸爸从中加油给予力量）。

2. 爸爸与妈妈屈身跪下，手撑地面，变成一座桥洞，鼓励孩子钻过桥洞。

游戏化亲子阅读的建议

《我爸爸》是一个片段式绘本，在亲子阅读中家长可启发孩子多观察与表达爸爸的优点，阅读后让孩子谈谈最喜欢和爸爸一起做的事情，然后参考上述两个游戏提出亲子游戏的建议。

（设计者：广东江门幼儿师范高等专科学校　黄永娴）

屎壳郎喜欢圆形

绘本内容介绍

　　《屎壳郎喜欢圆形》（王一梅，文；李清月，图）讲述了一只屎壳郎，它喜欢和圆形有关的事物，家里任何一件东西都是圆的。一天，它推来一堆圆圆的牛粪，邻居鼠先生见了觉得它的兴趣爱好很奇怪，怕它到了冬天会又冷又饿，因为它没有兔子太太和鼠先生勤劳。冬天来了，兔子太太和鼠先生冻得发抖，屎壳郎先生推着牛粪来到邻居家里，兔子太太和鼠先生拿来胡萝卜和大豆，跟屎壳郎先生换了许多许多牛粪。屎壳郎先生点燃了牛粪，在温暖的圆形房子里，悠闲地吃着胡萝卜和大豆。

亲子阅读游戏 1 　赶小猪

游戏来源

　　本游戏的设计灵感来源于故事情节。屎壳郎先生捡到一根铁丝，他把铁丝做成一个圆形的圈，用另一根细铁丝拨着滚动，跑遍了整个农场。

游戏目的

　　引导孩子充分利用废弃的物件进行循环利用。通过亲子的互动，激发孩子阅读故事的兴趣，鼓励孩子做一个生活有心人。

游戏材料

　　圆形饼盒 2 个、棍子 2 根、粉笔 1 支、椅子 1 张。

游戏玩法

1. 用笔在场地一端画一条起点线，在另一端放一张椅子。

2. 孩子和爸爸或妈妈一人一个圆形饼盒和一根棍子，并列站在起点前喊口令，"一，二，三"，一起用棍子轻轻赶小猪（饼盒）向前走，如小猪（饼盒）倒了，拾起继续用棍子赶着向前走，绕过椅子最快回到起点者为胜。

游戏延伸

若要增加游戏的难度，可在游戏场地加一些障碍物，孩子和爸爸或妈妈赶着小猪（饼盒）绕着障碍物走，看谁赶的小猪（饼盒）最快回到起点。

赶小猪

游戏化亲子阅读的建议

家长在亲子阅读后与孩子讨论屎壳郎喜欢圆形的原因，并鼓励孩子尝试模仿屎壳郎把圆圆的"粪球"滚起来。

亲子阅读游戏2　　圆形变变变

游戏来源

游戏设计来自故事的内容，故事中屎壳郎先生喜欢和圆形有关的事物——肥皂泡、铁圈、圆圆的牛粪，圆圆的东西为屎壳郎先生的生活带来了许多乐趣。

游戏目的

激发孩子善于发现，懂得生活，富于创新，亲子间的互动更有助于孩子的语言发展。

游戏材料

各种颜色大小不同的圆纸片（后面贴好双面胶）、绘画纸、彩笔。

游戏玩法

1. 爸爸或妈妈先把适量不一样颜色、不一样大小的圆剪好。

2. 爸爸、妈妈和孩子讨论什么东西是圆圆的。

3. 爸爸、妈妈和孩子尝试在不同的圆里添画，使圆变出不同的事物。

圆形变变变

游戏化亲子阅读的建议

　　在亲子阅读后，亲子对绘本内容中提及的圆圆的东西展开讨论，家长提议与孩子一起用圆圆的东西来玩变魔术的游戏。

（设计者：江门市外经贸幼儿园　胡珠长）

小老鼠忙碌的一天

绘本内容介绍

　　《小老鼠忙碌的一天》（戴安娜·亨德利，文；简·查普曼，图；蒲蒲兰，译）的主角是两只老鼠。大老鼠始终都在忙个不停：忙着翻土，忙着除草，忙着推车倒垃圾，忙着搬草莓，以至于"热得实在受不了，头也疼得嗡嗡作响"。而小老鼠呢，似乎始终都在淘气：悠闲地荡秋千，躺在车里望着天空发呆，把花穿成串，跑来跑去找羽毛，完全置大老鼠的辛苦劳累于不顾。一直到他突然冲进花园，拿出了那顶世界上独一无二的帽子，我们才明白：原来，小老鼠也始终在为实现自己的梦想忙个不停。

亲子阅读游戏　　荡秋千

游戏来源

本游戏的设计灵感来源于故事中呈现的荡秋千情节。

游戏目的

增强亲子间的互动，锻炼孩子的平衡能力与身体协调能力。

游戏材料

一张软垫子、一条大浴巾。

游戏玩法

1. 先铺好软垫子，并在上面铺好柔软、结实的大浴巾。

2. 爸爸妈妈抓紧浴巾的两头，孩子坐在浴巾的正中间，前后左右地摇晃，可以按照摇晃的速度念童谣："摇啊摇，摇啊摇，摇到外婆桥……"

3. 浴巾铺在地上当小船，孩子坐在浴巾的中间，双手抓紧两边，爸爸或妈妈抓住一头拉，开动小船。

游戏延伸

若要增加游戏的趣味性，可以变化游戏的形式，例如，把浴巾变成铁索桥，孩子摇摇晃晃地爬过桥等。

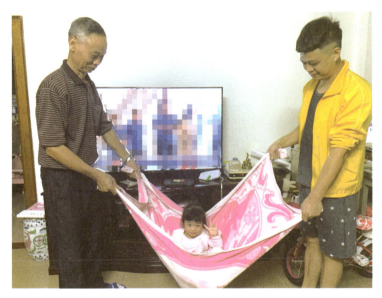

荡秋千

游戏化亲子阅读的建议

亲子阅读后，家长提出游戏的建议，鼓励孩子来当小老鼠，坐在"秋千"上摇一摇，体验小老鼠的心情。

（设计者：江门市外经贸幼儿园　林洁明）

大卫惹麻烦

绘本内容介绍

　　《大卫惹麻烦》([美]大卫·香农，文、图；余治莹，译)是一本片段式的绘本。绘本的主角是大卫，绘本列举了他各种捣蛋的行为。他每次闯了祸总是说："不，这不是我的错！"故事的结尾他承认自己犯了错，并向妈妈道了歉，最后还对妈妈说"妈妈我爱你"。

亲子阅读游戏 1　　棒球小能手

游戏来源

本游戏的设计灵感来源于绘本中的一个画面：大卫在花园里打棒球，把家里的窗户打碎了。

游戏材料

手套、报纸、呼啦圈。

游戏玩法

1. 制作纸球：把报纸揉成一个球。

2. 在活动区域的中间划定界线，爸爸（或妈妈）当裁判员，妈妈（或爸爸）举着呼啦圈站在界限的一边，孩子当棒球员，戴上手套，把纸球投入呼啦圈中。

3. 游戏开始后，孩子往呼啦圈投掷纸球，裁判员负责控制时间，时间到，则游戏结束。

4. 双方互换角色，进行比赛，以投掷纸球进圈较多的一方为胜。

游戏延伸

若要增加游戏的难度，可以变化游戏中举呼啦圈的人与投掷纸球的人之间的距离。

> **游戏化亲子阅读的建议**
>
> 亲子阅读后，家长引导孩子根据绘本中画面的特点进行布场，一起制作纸球、一起游戏。

亲子阅读游戏 2　卡嚓卡嚓

游戏来源

本游戏的设计灵感来源于绘本的一个画面：大卫在拍照的时候，当摄影师按下快门键时，大卫就会做鬼脸。

游戏目的

通过本游戏强化孩子在故事中的感受，强化亲子间的互动，营造积极温馨的家庭氛围。

游戏材料

玩具相机。

游戏玩法

请爸爸（或妈妈）做摄影师，其他家庭成员一起在空地上奔跑、游戏，摄影师拿着相机嘴里说出"卡嚓"两个字时，其他家庭成员要马上停止动作，一起做鬼脸。直到摄影师出示"OK"手势，家庭成员才可以动。

> **游戏化亲子阅读的建议**
>
> 亲子阅读后，家长引导孩子谈谈大卫是一个怎样的孩子，并提议孩子来当大卫，家长当摄影师，把爱做鬼脸的"大卫"拍出来。

（设计者：江门市外经贸幼儿园　林洁明）

七只瞎老鼠

绘本内容介绍

　　《七只瞎老鼠》([美]杨志成，文、图；王林，译)讲述的是七只瞎老鼠在池塘边遇到一个怪东西，谁也不知道那是什么。于是每一天，不同的老鼠轮流去"观察"，但是每只老鼠的发现都不尽相同。最后一天，轮到白老鼠去了，他把怪东西的上下左右全身都跑了一遍，最后才下了一个结论，这个怪东西是……作者用绘本的形式改编耳熟能详的故事，用拼贴技巧赋予传统故事"盲人摸象"新的视觉感受，又巧妙地帮助小朋友学会该如何从多个角度完整地观察新事物。

亲子阅读游戏 1　　猜一猜

游戏来源

本游戏的设计灵感来源于故事情节：瞎老鼠去摸象。

游戏目的

认识生活中不同的物体，体验发现新事物的乐趣。

游戏材料

大纸箱，生活中的各类小物品。

游戏玩法

孩子蒙上眼睛，家长将一个物品放进纸箱，让孩子伸手进纸箱中，摸摸看，并猜一猜是什么东西。

游戏化亲子阅读的建议

　　此游戏可设计在亲子阅读前，家长通过此游戏激发孩子的学习兴趣，并引出绘本主题，进入亲子阅读。

亲子阅读游戏 2　这是谁

游戏来源

　　游戏的设计灵感来源于故事情节，故事中的白老鼠对"怪东西"进行左右上下的探究，终于猜出"怪东西"就是大象。设计"这是谁"的游戏是对故事情节的迁移。

游戏目的

通过游戏加深孩子对家人的熟悉度，增进亲子间的情感。

游戏材料

眼罩。

游戏玩法

1. 孩子用眼罩蒙住眼睛。

2. 爸爸或妈妈把一只手伸出来，让孩子摸一摸，猜一猜是爸爸的手还是妈妈的。

3. 换不同的身体部位进行猜玩，例如，鼻子、嘴巴、耳朵、头发、脸等。

这是谁

游戏化亲子阅读的建议

　　阅读后，家长引导孩子回顾绘本内容，邀请孩子扮演"瞎老鼠"，进行"这是谁"的亲子游戏，通过游戏强化孩子对故事情节与角色的理解。

（设计者：鹤山市碧桂园幼儿园　黄翠盈）

装得满满的篮子

绘本内容介绍

《装得满满的篮子》（［韩］金京华，文；［韩］金永善，图；仇艳，译）是一本数学启蒙绘本。故事中小松鼠的篮子从满满的逐步变成空空的，在朋友们的帮助下空的篮子又逐步变满了。孩子们在阅读过程中体验数量的递增与减少，领会空的概念。

亲子阅读游戏 1   吃水果

游戏来源

本游戏的设计灵感来源于故事呈现的数字变化过程。小松鼠篮子里的橡子从 5 个逐渐减少到 0 个，再从 0 个逐渐增加到 5 个。

游戏目的

利用游戏让孩子直观感受物品逐一减少到 0，再逐一增加到"5"的过程，帮助孩子初步建立数量关系与数数的概念，提升数学思维能力。

游戏材料

苹果（切块）、盘子、水果叉子。

游戏玩法

1. 盘子里装有 5 块苹果，妈妈和孩子一边吃苹果一边数苹果的块数。苹果一块一块地逐渐减少。

2. 吃完最后一块苹果后，妈妈指着空盘子告诉孩子盘子里面什么都没有的状态就叫"0"，让孩子说出"0"。

3. 再次在盘子里放上苹果，在 0 块的基础上，慢慢地增加苹果的数量（一边放一边数），让孩子观察这个过程，引导孩子深入理解 0 的概念，以及 1～5 的数数。

吃水果

游戏化亲子阅读的建议

这是一个适合边读边玩的游戏，家长可在阅读前准备好游戏的材料，亲子阅读中随着情节的发展边玩边读，更真实地呈现绘本上的内容，增强阅读的趣味性。

亲子阅读游戏 2　　我是小投手

游戏来源

本游戏的设计灵感来源于故事呈现扔橡子的情节。小松鼠坚持不懈地收集橡子，把乒乒乓乓掉落下来的橡子往篮子里一扔，把咕噜咕噜滚动的橡子往篮子里一扔，场面非常有趣。

游戏目的

通过亲子的互动与合作，不仅会让孩子加深理解故事的内容，还会在游戏中促进孩子动作灵活性、协调性的发展。

游戏材料

球若干个，2个篮子。

游戏玩法

1. 爸爸（或妈妈）当裁判员，孩子和妈妈（或爸爸）当小投手站在界线前。

2. 游戏开始后，孩子和妈妈（或爸爸）往篮子里投球。

3. 裁判员负责控制时间，比赛结束，篮子里球多的一方为胜。

游戏延伸

若要增加游戏的互动性，可以变化游戏的形式，例如，由孩子投球，家长拿着篮子接球，双方配合完成投篮的游戏。

我是小投手

游戏化亲子阅读的建议

　　亲子阅读后家长可提议孩子通过游戏的方式帮助小松鼠收集橡子，然后开展"我是小投手"的游戏，通过游戏完成孩子与绘本的二次互动。

（设计者：江门市新会区会城菱东幼儿园　黄月香、梁锦秀）

爸爸变成了透明人

绘本内容介绍

《爸爸变成了透明人》（魏捷，文；俞寅，图）是一本风格极其独特的作品。画家俞寅选择了剪纸拼贴的方式来表现这个故事，让画面富有童趣，也通过色彩的巧妙处理凸显了人物的心理状态。绘本讲述了这样一个故事：爸爸因为女儿的"不听话"而发了脾气，深深地伤害了女儿弱小的心灵，女儿决定不理爸爸了。女儿不想听爸爸说话，只想一个人待着，不管待在哪里，都对爸爸视而不见。在女儿眼里，爸爸变成了透明人！智慧的妈妈希望用游戏的方法让女儿忘记不开心，她通过捉迷藏的小游戏瞬间抓住了女儿的心，让爸爸和女儿马上"化敌为友"。

亲子阅读游戏 1 捉迷藏

游戏来源

本游戏的设计灵感来源于故事中一家三口开心地玩捉迷藏的情景。

游戏目的

通过听声寻物的游戏锻炼孩子的听觉敏感性以及听辨反应的能力，引导孩子体验愉悦的情绪、增进亲子间的情感。

游戏材料

眼罩1个，安全可以躲藏的区域。

游戏玩法

1. 用"石头、剪刀、布"的方法，确定"寻找者"的角色，并帮"寻找者"

戴上眼罩。

2. 其余家庭成员做"躲藏者"，找个隐蔽的地方藏起来。

3. 躲藏者躲藏好以后，可发出小动物的叫声引起寻找者的注意。

4. 寻找者根据声音去找出躲藏者，找到以后才能摘下眼罩。

游戏延伸

若要增加游戏难度，可在安全的大草坪或者空旷的地方进行。

捉迷藏 1   捉迷藏 2

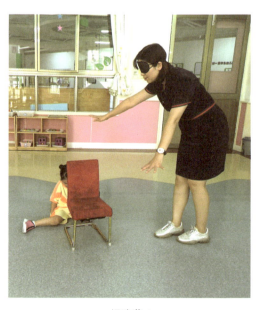

捉迷藏 3   捉迷藏 4

游戏化亲子阅读的建议

亲子阅读前后均可安排此游戏。若安排在阅读前，通过游戏可增强亲子联结，家长在游戏后可以通过语言过渡到阅读中：故事里有一个小女孩也喜欢和爸爸妈妈玩捉迷藏的游戏，我们一起来看看她的故事吧。若安排在亲子阅读后，家长读后直接提出游戏建议即可。

亲子阅读游戏 2 　　有趣的表情

游戏来源

本游戏的设计灵感来源于故事中呈现的其中一个场景：孩子生爸爸的气。

游戏目的

认识各种表情，增进家长和孩子的情感交流。

游戏材料

各种表情卡。

游戏玩法

1. 家长和孩子共同制作表情卡。

2. 家长带领孩子认识各种表情卡，并谈谈这种表情什么时候出现的。

3. 孩子操作表情卡，当孩子出示任意一张表情卡时，家长做出相应的表情。

4. 双方熟悉游戏玩法后，角色互换，由家长出示表情卡，孩子来做。

有趣的表情 1

5. 出示卡牌的速度可以逐渐加快，增加游戏的趣味性。

有趣的表情2　　　　　　　　　　　　　有趣的表情3

游戏延伸

先让孩子熟悉各种表情符号，家长拿着表情符号让孩子抽，抽到哪种表情符号就做出相应的表情。然后角色互换。

游戏化亲子阅读的建议

亲子阅读后，家长引导孩子思考为什么故事中的爸爸变成了透明人，启发孩子说出爸爸的情绪，进而与孩子讨论常见的情绪，为游戏做好铺垫。

（设计者：鹤山市碧桂园幼儿园　何惠红）

白羊村的美容院

绘本内容介绍

《白羊村的美容院》（李紫蓉，文；严凯信，图）是一本充满童趣的绘本。白羊村里来了一位从国外回来的美容师，他给小羊们带来了最时髦的信息，他告诉小羊白色羊毛最老土，起初大家都不敢尝试，后来染色的羊和做发型的羊越来越多，大家一致觉得美容师的话是对的。最后白羊村变成了爱美容的羊村。大家在爱美的同时，也闹出了很多的笑话，有的羊近视加重了好几倍，有的羊晚上还会撞到一起。有一天，白羊村举行了选美大赛，没想到，还是白色的羊获得了冠军。

亲子阅读游戏 1 花色羊毛

游戏来源

本游戏的设计灵感来源于故事的情节：美容师告诉白羊们当下最时髦的是花色羊毛，于是白羊们逐渐去尝试，最终花色成了白羊村最流行的毛色。

游戏目的

引导孩子认识不同的颜色，感受色彩带来的丰富视觉效果，并大胆尝试做有创意的美容师。

游戏材料

纸筒、乳胶、纸巾、棉签、滴管、颜料。

游戏玩法

1. 用纸筒作为羊身，把纸巾揉成小纸团，粘上白乳胶，贴在羊身上作为羊毛。

2. 用滴管吸上自己喜欢的颜料，滴在纸巾上，给小羊染上时髦的毛色。

花色羊毛 1   花色羊毛 2

游戏化亲子阅读的建议

　　亲子阅读后，家长引导孩子回顾白羊村花色羊毛的款式，并邀请孩子一起制作花色羊毛。

亲子阅读游戏 2　　发型师

游戏来源

本游戏的设计灵感来源于故事中呈现的一个场景。美容师不断地给大家最新的流行信息：直毛、卷毛、各种颜色等。从这个情节展开设计游戏"发型师"。

游戏目的

让孩子学习卷曲、粘贴等技能来制作鬈发，体验自制鬈发的快乐，同时也培养孩子的色彩搭配能力。

游戏材料

小羊的图片、彩色纸、双面胶。

游戏玩法

1. 准备好印有小羊的轮廓图，并贴上双面胶。

2. 把彩色纸剪成长条，贴在小羊身上。

3. 用笔把纸条卷成"鬈发"。

发型师 1

发型师 2

游戏化亲子阅读的建议

　　家长与孩子阅读后，共同畅想如何设计出最棒的发型，鼓励孩子进行尝试。

（设计者：鹤山市碧桂园幼儿园　梁锦恩）

布布去抓鱼

绘本内容介绍

　　《布布去抓鱼》（[法]西里尔·哈恩，著；荣信文化，编译）讲述了一个励志的故事，故事中的布布为了抓住梦想的大鱼，在布满荆棘的道路上一直努力。在部落抓鱼日那天，妇女和孩子们都在小河那里垒水坝抓鱼。而布布有自己的想法，他不想抓小鱼，而只想抓大鱼。布布一个人静悄悄地坐上了一条小船，开始了他的荆棘坎坷之旅。最后布布在渔夫的帮助下，把鲨鱼带回了部落，分给大家吃。

亲子阅读游戏 1　　小鱼游来了

游戏来源

本游戏的设计灵感来源于故事中妇女和孩子们在河里垒水坝抓鱼的情节。

游戏目的

培养孩子的节奏感和闪躲能力，让孩子体验游戏的乐趣。

游戏材料

许多小鱼游来了的音频。

游戏玩法

1. 父母手拉手做成"渔网"。

2. 孩子边唱边做鱼游状（手一前一后摆动，小碎步走）穿过"渔网"。

3. "小鱼游来了，游来了，游来了，小鱼游来了，快快抓住，"当唱到"抓住"这最后两个字时"收网"，那条"小鱼"被抓住。

4. 家长可以与孩子进行"厨师与小鱼"的角色扮演。"小鱼"熟了，家长在"小鱼"身上吃了起来。

游戏延伸

可以适当加些律动，家长和孩子跟着音乐动起来。

小鱼游来了 1　　　　　　　　　　　　　　小鱼游来了 2

游戏化亲子阅读的建议

此游戏适合安排在亲子阅读前，通过游戏增强亲子关系，游戏后，家长可提出：跟随绘本的主人公去捉鱼，看看会发生什么呢？

（设计者：鹤山市碧桂园幼儿园　唐旭晴）

亲子阅读游戏 2　　爱的漩涡

游戏来源

游戏设计的灵感来源于故事情节。故事中讲到，当布布悠闲地望着风景的时候突然被冲去湍急的河段，掉下了悬崖，消失在河流中。

游戏目的

引导孩子感受身体在漩涡中的感觉，促进孩子的感觉统合平衡，增进亲子间的感情。

游戏材料

被子。

游戏玩法

1. 孩子坐在被子的中间，爸爸妈妈分别抓住被子的四个角。

2. 爸爸妈妈把被子提起来，抖动被子制造出漩涡感，漩涡可以往左往右滚动，让孩子感受身体的不平衡。

3. 孩子可以平躺在被子的中间，身体放直，双手交叉抱肩，爸爸妈妈把被子的两头和中间抓紧，往同一方向旋转被子360°，让幼儿感受身体360°旋转的感觉。

爱的漩涡1   爱的漩涡2

游戏化亲子阅读的建议

　　亲子阅读后，家长提议与孩子一起体验布布的惊险之旅，随后按游戏规则开展游戏。

（设计者：广东江门幼儿师范高等专科学校　黄永娴）

第四章　游戏化亲子阅读：
4～5岁篇

变色龙卡罗

绘本内容介绍

《变色龙卡罗》（[日]田代千里，文、图；蒲蒲兰，译）是一本色彩艳丽的书，讲述了小动物变身的有趣故事。

变色龙卡罗抱怨着自己的肤色会根据环境的变化而改变。一天，他一直在摘水果，收集花朵和树叶，忙到深夜。他把这些东西碾碎，搅拌在一起，挤出各种颜色的汁液，再分别装在小果壳里。然后，他非常急切地盼望着早晨快点到来。

"卡罗的颜色！"天一亮，卡罗就大声吆喝起来，声音顺风传到很远。不一会儿，就来了第一只动物，他好奇地打量着卡罗那些装满颜色的果壳。卡罗帮森林里的动物都变成了"卡罗的颜色"，画上五彩缤纷的图案。可是第二天，所有动物都想要变回原来的样子，动物们威胁着卡罗，一步步逼迫它到悬崖边上。卡罗已经无处可逃了，绝望地闭上眼睛。突然一场暴风雨来临了，大雨把动物们冲洗得干干净净，大家都松了口气，当然，卡罗是最庆幸的。

不久，太阳又出来了，一切都恢复了原样。

亲子阅读游戏 1 颜色变变变

游戏来源

本游戏的设计灵感来源于故事中变色龙卡罗采摘水果，收集花朵和树叶制作成各种颜色汁液的情节。

游戏目的

认识故事情节中出现的颜色——红色、黄色、蓝色、粉红色等，让孩子对不同的颜色产生好奇和兴趣。感知两种颜色混合后变成新颜色的现象，体验发现的乐趣。

游戏材料

透明有盖的瓶子 8 个、颜料、水。

游戏玩法

1. 收集 8 个废旧的有盖矿泉水瓶子。

2. 在其中 6 个瓶盖内涂上颜料（红色、黄色、蓝色、粉色、紫色、绿色）并装水至瓶身 2/3 处。

3. 摇动瓶身，让水接触瓶盖上的颜料，观察其变化。

4. 把红色和黄色的水各取一半倒到一个空瓶子里，把黄色、蓝色的水各取一半倒到另一个空瓶子里，摇动瓶身后观察其变化。

游戏延伸

若要增加体验的科学性，可以制作实验表格，让孩子用自己的方式（图画或写字）把什么颜色和什么颜色混合后会变什么颜色记录下来。

颜色变变变 1

颜色变变变 2

颜色变变变 3

颜色变变变 4

游戏化亲子阅读的建议

　　亲子阅读后，家长启发孩子思考变色龙最大的本领是什么，如何能做到像变色龙卡罗一样变出很多的颜色，进而提供游戏材料，开展游戏。

亲子阅读游戏 2　　谁是大王

游戏来源

本游戏的设计灵感来源于故事中呈现的其中一个场景：狮子在卡罗帮森林里的动物画上五彩缤纷的图案的第二天，开始发怒了，因为他根本分不清楚斑马和河马，捕捉不到食物，觉得非常饿！这涉及动物食物链的相关信息，相信孩子对此也充满着好奇。

游戏目的

通过本游戏加深孩子对故事中所出现的动物的认识，通过与家长的互动交流，了解部分动物的饮食习性和森林动物的食物链等。

游戏材料

动物闪卡。

游戏玩法

把动物闪卡反面朝上，散放在地板上，家长和孩子一起数"1、2、3"后各自翻开一张闪卡，说出所翻闪卡的动物名称，比一比谁的动物凶猛，谁就是赢家，输的人的闪卡归赢家，之后继续游戏，闪卡多者为大王。

谁是大王 1

谁是大王 2

> **游戏化亲子阅读的建议**
>
> 　　家长在亲子阅读过程中要注意引导孩子观察森林里都出现了哪些小动物。阅读结束后引导孩子思考森林里的动物谁比谁凶猛，讨论结束后再通过游戏"谁是大王"进行亲子互动。

亲子阅读游戏 3　　我的你的

游戏来源

本游戏的设计灵感来源于故事中呈现的其中一个场景：卡罗在帮动物朋友画上五彩缤纷的图案后，不久，所有动物都诉起苦来。"我们要回到原来的样子！快，赶紧把这些颜色弄掉，卡罗！"

游戏目的

每一个生命，都有着自身的优势，我们可以根据主题设计游戏让孩子知道珍惜自己拥有的东西，别人的好的东西不一定就适合你。

游戏材料

一些常用的生活用品。

游戏玩法

孩子和家长各自在家找出喜欢的生活用品（如牙刷、拖鞋之类的），相互交换使用，看看别人喜欢的东西是不是也适合自己。

> **游戏化亲子阅读的建议**
>
> 　　这个游戏适合在亲子阅读后启发孩子思考小动物都想变回自己的原因，通过游戏"我的你的"来鼓励孩子说出自己与父母喜欢的人、事、物，进而达到提升绘本主题、增强亲子关系的效果。

（设计者：鹤山市碧桂园幼儿园　何颖婷）

月亮的味道

绘本内容介绍

　　《月亮的味道》（［波兰］麦克·格雷涅茨，文、图；漪然、彭懿，译）是一个充满趣味性的故事。动物们夜里望着月亮，特别想尝尝月亮是什么味道，但是月亮太高，怎么也够不着。终于有一天，一只小海龟下决心去摸摸月亮，但是它也够不着。于是它叫来了大象，让大象踩在它背上，可是离月亮的高度还是很远。接着大象叫来了长颈鹿，长劲鹿叫来了斑马，斑马叫来了狮子，狮子叫来了狐狸，狐狸叫来了猴子，猴子叫来了老鼠！然后老鼠用力一跳，咬下了一块月亮，最后给动物们都分了一口月亮。大家都觉得这是它们吃过的最好吃的东西了！

亲子阅读游戏 1 　　叠叠乐

游戏来源

　　本游戏的设计灵感来源于故事内容。动物们想知道月亮的味道，它们采用叠罗汉的办法来够月亮。堆叠的游戏在生活中是孩子比较感兴趣的，虽然操作的过程简单，但具有挑战性，为孩子所喜爱。

游戏目的

　　让孩子通过实践的操作来体验故事中动物们叠罗汉的乐趣，通过亲子的互动与竞争，激发孩子阅读故事的兴趣，增进亲子关系。

游戏材料

　　积木。

游戏玩法

1. 爸爸妈妈和孩子选定相同数量的积木。

2. 在积木数量有限的条件下，爸爸妈妈和孩子各自想办法让积木叠到最高。

3. 游戏结束后，积木堆叠得最高者获胜。

叠叠乐

游戏延伸

若要增加游戏的互动性，可以变化游戏的形式，例如，爸爸妈妈和孩子选定相同数量的纸杯后，一起合力堆叠，谁在堆叠过程中导致堆叠物倒塌，谁就输。

> **游戏化亲子阅读的建议**
>
> 亲子阅读后，家长可建议孩子利用积木，帮助小动物更快地够着月亮；然后提供材料，开展游戏。

亲子阅读游戏2　猜猜乐

游戏来源

本故事主题围绕动物们想尝尝月亮的味道展开，而味道是我们人类很奇妙的一种体验，在这种体验中伴随着各种不同的感受与表情。以此为依据设计本游戏。

游戏目的

通过回顾与表达味道的特点，增强亲子间的交往。

游戏材料

无。

游戏玩法

猜猜乐1

1. 孩子做出一个表情，例如，吃了某一个甜食以后的表情，妈妈猜这是吃了什么？

2. 孩子表达看、听、摸、闻、尝等不同感官下的动作与感受，爸爸妈妈来猜。

3. 角色互换，由爸爸或妈妈来表达，孩子来猜测。

猜猜乐2

游戏化亲子阅读的建议

月亮的味道是什么样的呢？这是一个在亲子阅读中能启迪孩子思考的问题，家长可通过游戏"猜猜乐"引导孩子边玩边想，游戏就是对绘本内容的拓展。

（设计者：鹤山市碧桂园幼儿园 李娟）

红绿灯眨眼睛

绘本内容介绍

　　《红绿灯眨眼睛》([日]松居直，文；[日]长新太，绘；[日]猿渡静子，译)讲了一个新奇有趣的故事。清晨的时候，人们急急忙忙地赶着上班，执勤的警察叫醒了红绿灯来指挥交通。人们和车辆在红绿灯的指挥下有序地行走。可是过了一会儿，红绿灯没有按规则运行，造成街上一片混乱，车辆和人都堵在一起了。这时交通警察骑着白色摩托车来了，用熟练的手势指挥交通。傍晚，红绿灯终于修好了，行人和车辆又能在红绿灯的指挥下正常行驶了。故事告诉孩子遵守交通规则会给我们带来更多的便利。

亲子阅读游戏 1　　　我是驾驶员

游戏来源

　　故事中的车辆和行人在红绿灯的指挥下才能正常行驶。生活中，孩子们在平常的出行中也会经常遇到交警指挥交通的场景。结合这两点设计了"我是驾驶员"的游戏。

游戏目的

　　通过游戏让孩子体验交通中的规则，了解红绿灯在生活中的重要性，并培养孩子遵守交通规则和自我保护的意识。

游戏材料

　　红、绿、黄色卡纸，小汽车。

游戏玩法

1. 家长与孩子规划好汽车行驶的路线。

2. 孩子坐在小汽车中当驾驶员，爸爸和妈妈分别手拿红、黄、绿三张卡纸站在不同的路口。

3. 孩子开车经过路口时，家长随机抽出一张卡片，孩子根据绿灯前进、黄灯减速、红灯停下的交通规则控制小汽车前行、慢行、停下。

备注：为增加难度，建议加快绿、黄、红三种交通灯的转换速度，让孩子快速反应；也可以丰富场景，把家里的原有场景和物品利用起来，增加"车辆"行驶的难度。

我是驾驶员

游戏化亲子阅读的建议

　　亲子阅读后家长可引导孩子回顾绘本内容，讨论如何做到交通顺畅，进而引出游戏。

亲子阅读游戏2　你说我做

游戏来源

本游戏设计来源于绘本的内容。红绿灯没有按规则运行，导致一片混乱，由此设计游戏"你说我做"，引导幼儿按照规则来控制身体。

游戏目的

加深孩子对规则的了解，通过规则的制定让孩子对规则有切身的感受，并逐步养成规则意识，增强亲子间的感情。

游戏材料

红、绿、黄卡片各 1 张。

游戏玩法

1. 游戏前家长和孩子事先设计好出示卡片后的动作，如，红卡——单脚站，绿卡——叉腰，黄卡——双手举起。

2. 设计好每张卡片对应的动作后，家长与孩子面对面站，家长手拿三张卡片。

3. 家长快速拿出任意一张卡片，孩子迅速做出事先设计好的对应动作。

4. 角色互换进行游戏。

你说我做

游戏化亲子阅读的建议

可在亲子阅读前开展这个游戏，以游戏测试孩子的反应能力，激发孩子阅读的兴趣；这个游戏也可在亲子阅读后进行，通过游戏活动加深孩子对绘本内容的理解。

（设计者：鹤山市碧桂园幼儿园　梁惠玲）

大家一起抓怪物

绘本内容介绍

《大家一起抓怪物》（[英]诺伯特·兰达，著；蒂姆·沃恩斯，绘；暖房子，译）讲述的是一只鸭子找好朋友帮忙抓捕怪物的故事。睡梦中的鸭子被床下奇怪的声音惊醒，因为害怕，她向身边的朋友小猪求助。紧接着小猪去找大熊求助，大熊去找灰狼求助，最后还一起去找了聪明的猫头鹰求助。猫头鹰为大伙谋划了一个捕抓怪物的计划。在猫头鹰的带领下，小猪、大熊、灰狼一起拿着工具去鸭子家抓怪物。故事营造了一个从惊恐、紧张到温馨、有趣的过程。绘本的图画既表现了深夜抓怪物的神秘性，又将小动物们的小心和紧张的神情恰如其分地描画出来，使故事极具趣味性、探索性。

亲子阅读游戏 1　　光与影子的游戏

游戏来源

游戏来源于故事情节渲染出来的小动物们对黑暗的恐惧感，由此想到孩子也会对黑暗产生恐惧，为了帮助孩子克服恐惧的感觉而设计出光与影子的游戏，通过游戏中夸张的语言和肢体动作，让孩子以有趣的方式克服恐惧。

游戏目的

通过本游戏让孩子减轻对黑暗的恐惧心理，增加亲子间的互动和交流，促进亲子间的感情。

游戏材料

手电筒或手机、各种动物手影的示意图。

游戏玩法

1. 在黑暗的环境中，妈妈利用手电筒投射光影，爸爸带领孩子学习各种动物的手影，如大灰狼、老虎、小兔子、蜗牛等。

2. 爸爸与孩子通过手影互动游戏，例如，看谁变的手影多；又如，看谁变的手影动物更威武。

游戏延伸

灯光下或阳光下与孩子进行影子游戏，如踩影子。通过游戏逐渐消除孩子对黑暗的恐惧。

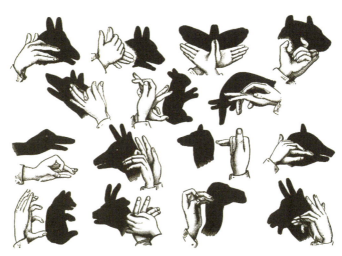

动物手影

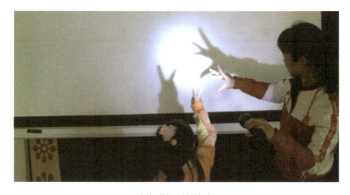

光与影子的游戏

> **游戏化亲子阅读的建议**
>
> 　　亲子阅读前，家长可利用手影游戏造出动物的造型，以此导入绘本的主题，激发孩子的学习兴趣；亲子阅读后也通过游戏多个玩法加深孩子对阅读主题的理解。

亲子阅读游戏 2　快乐传递

游戏来源

游戏来源于故事情节。故事里讲述了动物之间在互相传递一个"怪物"发出的声音。由此延伸出生活中存在的各种各样不同的声音，例如，动物的叫声、生活物品发出的声音等，进而设计出"快乐传递"游戏。

游戏目的

引导孩子感受声音传递带来的乐趣；学习认真倾听，流畅表达；发展孩子的注意力、记忆力、表达能力；增进亲子间的感情。

游戏材料

纸巾筒 2 个、绳子。

游戏玩法

1. 利用纸巾筒和绳子制作传声筒。

2. 一家三口用传声筒传递简单的词语，例如，妈妈对着传声筒说："叽里呱啦、吧啦呜哇。"孩子在传声筒的另一头听到这两个词语，再把这两个词语通过传声筒传给爸爸，爸爸复述听到的内容，妈妈检查有没有传达错误。

游戏延伸

可以增加游戏难度，一家三口用传声筒传递简单的句子，按照"游戏玩法"的第二个步骤进行。

游戏化亲子阅读的建议

亲子阅读后，家长启发孩子思考"你能准确分辨怪物的声音吗？"接着提议孩子通过"快乐传递"的游戏来测试谁的耳朵更厉害，保持孩子对绘本阅读的兴趣，激发孩子挑战自我、参与游戏的动力。

（设计者：鹤山市碧桂园幼儿园　田丹丹）

小黑鱼

绘本内容介绍

　　《小黑鱼》（[美]李欧·李奥尼，文、图；彭懿，译）讲述的是大海的一个角落里住着的一群小鱼，大家都是红色的，除了一条是黑色的。有一天，一只凶猛的金枪鱼吃掉了所有的小红鱼，只有小黑鱼逃走了。他孤身一人在海里游荡，遇到了很多稀奇古怪的生命，又高兴起来。小黑鱼又遇到一群躲在礁石后的小红鱼，为了生存，不再躲避，他想了个好办法，教他们一起游成大鱼的样子，而自己来当眼睛！就这样，他们在清凉的早晨游，在明媚的中午游，把大鱼都吓跑了。

亲子阅读游戏 1　　鸿运大转轮

游戏来源

　　本游戏的设计灵感来源于故事中呈现的团结协作情节。小黑鱼又遇到一群躲在礁石后的小红鱼，为了生存，不再躲避，他想了个好办法，教他们一起游成大鱼的样子，而自己来当眼睛！

游戏目的

　　增强亲子互动与合作，激发孩子阅读的兴趣。

游戏材料

　　报纸若干、透明胶、剪刀。

游戏玩法

1. 爸爸妈妈和孩子利用旧报纸制作一个可以容纳两大一小的大转轮。将报纸用透明胶首尾连起来，可以容纳全体成员站进去，报纸尽量粘得厚一些，行动起来不容易断裂；也可以采用布条制作大转轮。

2. 在活动区域的前后划定起点与终点的界线。

3. 游戏开始，所有的家庭成员站到大转轮内，走动起来让大转轮转起来。

鸿运大转轮

游戏化亲子阅读的建议

　　亲子阅读后，家长与孩子讨论小黑鱼如何战胜敌人这一话题，引出共同协作的意义，并提出开展家庭协作游戏的建议。

亲子阅读游戏 2　　我是小小领路人

游戏来源

本游戏的设计灵感来源于故事的情节。故事中小黑鱼引领小红鱼变成一条大鱼，小黑鱼说"我来当眼睛"，它成了鱼群的眼睛。这条"大鱼"最终勇敢地战胜了大鱼。

游戏目的

引领每一个家庭成员要学会发挥彼此的优势与能量，增强团结协作的力量；强化亲子间的鼓励与互动，营造积极互助的家庭氛围。

游戏材料

绳子、障碍物、眼罩。

游戏玩法

1. 设定活动区域的起点和终点。

2. 爸爸或妈妈和孩子站在起点处，游戏开始，爸爸或妈妈用眼罩蒙好眼睛，抓着绳子的一端，孩子牵着绳子的另一端，绕着障碍物走 S 路线。

3. 孩子与爸爸或妈妈互换角色进行比赛，被蒙眼睛者走到终点，障碍物不倒的一方为胜。

我是小小领路人

游戏化亲子阅读的建议

在亲子阅读过程中，家长可引导孩子通过阅读发现小黑鱼有勇气、敢担当的品质，通过游戏鼓励孩子向小黑鱼学习，做一个棒棒的小小领路人。

（设计者：江门市外经贸幼儿园　曾美思）

傻傻的莎莉

绘本内容介绍

《傻傻的莎莉》（［美］奥黛莉·伍德，著、绘；阿甲，译）讲述了一个有趣又无厘头的小女孩莎莉的故事。莎莉要进城，她顶着一头红色爆炸式头发，有着夸张的肢体动作，不但倒立着走，还倒退着走，更有趣的是沿途遇见的动物和人也跟着她一起疯。绘本中搞笑的情节和夸张逗趣的画面，明显颠覆了成人的逻辑思维，却非常符合孩子调皮的天性和爱胡闹的心理，给亲子阅读和互动游戏带来极大的乐趣，再加上文字的韵律和节奏感十足，特别能吸引孩子津津有味地听和看，在快乐的阅读和玩耍中体会到英语发音的有趣，是一本寓教于乐的绘本佳作。

亲子阅读游戏 1　颠倒说

游戏来源

本游戏的设计灵感来源于故事中搞怪的主人翁莎莉要进城的情节。她不但要倒立走，还要反方向走。根据这个情节，我们设计了一个语言游戏。

游戏目的

通过亲子的互动，激发孩子的阅读兴趣，增强孩子对故事中内容的理解，从而感知、理解"颠倒"的意思，培养对汉字的兴趣。

游戏材料

水果卡片、词语卡片若干。

游戏玩法

1. 爸爸出示水果卡片，孩子用颠倒的话语描述水果。例如，爸爸出示圆圆的西瓜，孩子故意说：长长的西瓜。又如，爸爸出示红色的苹果，孩子故意说：绿色的苹果。

2. 爸爸妈妈一起参加游戏，爸爸（或妈妈）当裁判员，并手拿一张词语卡片，孩子和妈妈（或爸爸）看到词语卡片后，比赛看谁能最快说出正确的"颠倒"词语。

颠倒说

补充说明：所谓"颠倒"，就是故意把事物的特征说错。

游戏化亲子阅读的建议

此游戏适合在亲子阅读后进行，家长与孩子讨论颠倒的世界是怎样的，进而引出游戏"颠倒说"。游戏的开展就是绘本故事的延伸。

亲子阅读游戏 2 连体人

游戏来源

《傻傻的沙莉》吸引孩子的是主人翁莎莉进城的方式。莎莉一路上遇到的各种小动物，都会用倒立、反方向的方式一边走，一边跳舞、玩游戏、哼歌等，夸张有趣的肢体动作，完全符合孩子们调皮的天性和偶尔胡闹的心理。

游戏目的

通过本游戏训练孩子的方向感，锻炼孩子后退走的能力，同时也让爸爸妈妈和孩子在亲子互动中感受到游戏的别样乐趣。

游戏准备

一块平坦的空场地、一些歌曲或者与爸爸妈妈互动的问题或语句。

游戏玩法

1. 爸爸（或妈妈）和孩子面对面站好，然后转身背靠背，各自向前走10步。

2. 当妈妈（或爸爸）说："大家去找好朋友吧！"两人一起把双手放在背后，开始倒退着走，其中一方就开始唱歌或者与对方对话，但不能把头转过去，看看是否能与爸爸（或妈妈）的手连接在一起。

注意事项：选择平坦且无障碍物的场地，以免在倒退着走的时候绊倒。

连体人1　　　　　　　　　　　　　连体人2

游戏化亲子阅读的建议

此游戏在阅读前和阅读后均可进行，阅读前，可通过游戏引出阅读的主题，提升亲子关系，为亲子阅读的有效进行奠定基础。若安排在亲子阅读后进行，家长要引导孩子进入莎莉的角色，重温故事主人公的行为与感受。

（设计者：江门市外经贸幼儿园　谢转红）

藏在哪里了

绘本内容介绍

《藏在哪里了》（〔韩〕Hemingway 社，编；郑毅，译）讲述了动物们玩捉迷藏的游戏。"石头、剪刀、布"，小狐狸来找大家。他们都躲到哪里去了呢？故事中躲藏的小动物们都露出了自己身体上的某个部位，石头后面有对长耳朵，大树后面有条花花的尾巴……小狐狸很快就找到其他动物朋友了，可是找了半天都没找到小鹿，原来小鹿找到了一个很隐蔽的地方躲藏起来了。

亲子阅读游戏 1　猜一猜

游戏来源

本游戏设计来源于故事情节。狐狸利用小动物身上某一个显著的外形特征，去找相应的小动物。

游戏目的

通过引导孩子大胆地讲述动物朋友躲藏的位置，培养孩子的观察能力和表达能力。强化亲子间的鼓励与互动，营造积极互助的家庭氛围。

游戏材料

毛绒玩具若干、书 1 本。

游戏玩法

1. 妈妈左手拿着一本书放在前面，右手拿着一只小兔放在书的后面。
2. 请孩子闭上眼睛，倒数"5、4、3、2、1"，倒数完毕，妈妈就把小兔的长耳朵慢慢地从书本的后面伸出来。

3. 孩子数完数后睁开眼睛，猜出是什么小动物，并大胆地说出动物的位置，例如，"×× 在书的 ××"。

游戏延伸

可以变化其他的游戏形式，例如，把水果的一半躲起来，请孩子猜猜是什么水果，在哪个位置。

猜一猜

（设计者：江门市外经贸幼儿园　梁焕晶）

亲子阅读游戏2 　**大家来找茬儿**

游戏来源

本游戏源于绘本的图画。图画中隐藏了很多细节，通过仔细观察画面，可以发现动物藏身之处。

游戏目的

通过寻找不同之处，锻炼孩子的观察能力。

游戏材料

服装若干。

游戏玩法

爸爸、妈妈和孩子通过"石头、剪刀、布"的方式，决定出谁是今天的游戏设计者，另外两名来找茬儿，先集合在一个房间，观察并记住设计者的各个特征，观察完毕，设计者到另外一个房间去换装，把身上 5～10 处地方换掉，回到房间，让两名观察者比赛谁发现的变化多。

> **游戏化亲子阅读的建议**
>
> 亲子阅读后，家长可参考上述两个游戏的操作提出"看谁眼睛最厉害"的挑战，再依据游戏规则进行游戏。

（设计者：广东江门幼儿师范高等专科学校　黄永娴）

最奇妙的蛋

绘本内容介绍

《最奇妙的蛋》（[德]赫姆·海恩，文、图；李紫蓉，译）讲述的是很久以前，有三只母鸡都认为自己是最漂亮的母鸡，于是它们决定去请教国王。国王说："你们会做什么，比你们好不好看重要多了！"这使得三只每天争说自己最漂亮的母鸡展开一场下蛋比赛，各施妙招，各自产下最奇妙的蛋。后来，三只母鸡成为好朋友，继续快乐地生产世界上最特别的蛋。

亲子阅读游戏 1　　母鸡下蛋

游戏来源

本游戏的设计灵感来源于故事中的情节。三只母鸡为了争夺公主的位置，在国王的主持下进行了一场下蛋的比赛。三只母鸡下的三个蛋，一个比一个出乎意料。这突破常规的想象，让孩子感受到惊喜和乐趣，由此设计让孩子创作出他们心目中最奇妙的蛋的游戏。

游戏目的

鼓励孩子大胆想象与创新，营造积极互助的家庭氛围。

游戏材料

报纸、透明胶布、纸箱、盆。

游戏玩法

1. 妈妈（或爸爸）和孩子利用旧报纸制作纸球蛋，妈妈（或爸爸）鼓励孩子多创新和表达自我，不管孩子制作的效果如何，都是最像、最真实的。

2. 开始第一轮游戏：妈妈（或爸爸）的腰间系有一个母鸡纸箱（纸箱内放入制作完成的蛋），在 20 秒内妈妈（或爸爸）用不同的方式将蛋掉出，孩子手持盆子接蛋。然后告诉妈妈（或爸爸）下了什么奇妙的蛋。第二轮游戏：妈妈（或爸爸）与孩子进行下蛋比赛，最快把纸箱里的蛋下完的一方则为胜。

母鸡下蛋

游戏化亲子阅读的建议

　　亲子阅读后家长与孩子讨论最奇妙的蛋还可以是什么样子的。提供旧报纸等材料，与孩子合作制作"奇妙的蛋"，制作完毕按照游戏规则模仿母鸡下蛋，让孩子在玩游戏的过程中重温故事的内容。

亲子阅读游戏 2　　小鸡出壳

游戏来源

游戏设计源于绘本的内容。绘本里三个最奇妙的蛋孵出了三只小鸡，四四方方的小鸡跟在最后面，这些异样的小鸡会增添孩子的阅读乐趣。

游戏目的

通过亲子互动，激发孩子阅读故事的乐趣，提升孩子的观察力与想象力。

游戏材料

废报纸、笔。

游戏玩法

1. 妈妈（或爸爸）和孩子在旧报上画蛋。

2. 爸爸（或妈妈）做裁判计时，妈妈（或爸爸）和孩子做参赛选手，裁判发令，游戏开始，两名参赛选手拿起报纸，从"蛋"中间撕破一个洞，然后将头、肩、躯干和脚从报纸中钻过，再跨出报纸。发出"叽、叽"声，一只小鸡就孵出来了。接着再撕再钻，将报纸撕破的一方则为输，最后孵出小鸡最多的一方为胜。

小鸡出壳 1

小鸡出壳 2

> **游戏化亲子阅读的建议**
>
> 　　亲子阅读后，家长与孩子一起回顾绘本中小鸡从蛋壳中孵化出来的过程，然后一起玩"小鸡出壳"的游戏。

（设计者：江门市外经贸幼儿园　余洁梨）

莎娜的红毛衣

绘本内容介绍

　　《莎娜的红毛衣》（［日］成田雅子，文、图；杨文，译）是一个温暖人心，但又处处充满不可思议的故事。故事中的奶奶送给莎娜一件漂亮的红毛衣，可是，毛衣很小，莎娜穿不上。莎娜一定要穿上它，朋友就一起想办法怎么把毛衣变大，没想到毛衣最后变成了飞船，飞到奶奶的家里去了。

亲子阅读游戏 1　　拔　河

游戏来源

本游戏的设计灵感来源于故事中的一件红毛衣。莎娜穿上奶奶送的红毛衣，发现毛衣有一些小，于是，莎娜和鲁鲁开始拉毛衣。

游戏目的

让孩子体验合作的快乐，通过亲子互动和合作，激发孩子的阅读兴趣，增进亲子感情。

游戏材料

长布1条，悬挂小物件1个。

游戏玩法

1. 将小物件挂在长布的中间，在活动区域的中间划定界线，爸爸（或妈妈）当裁判员，孩子和妈妈（或爸爸）各拿布的一端。

2. 游戏开始裁判员发出指令后，一起用力拉布，直到悬挂的小物件过了中间的界线，小物件在哪一边就代表哪一方是胜利者。

拔　河

亲子阅读游戏 2　　毛线转转转

游戏来源

本游戏的设计灵感来源于故事中拆毛衣的情节。故事中莎娜尝试了许多办法把毛衣变大，但毛衣还是不合身，小兔子想了一个办法，把毛衣拆开重新织，莎娜和朋友们开始刺啦刺啦地拆毛衣。

游戏目的

让孩子和家长体验毛线的多种玩法，体验合作的快乐，激发孩子阅读的兴趣。

游戏材料

一团毛线。

游戏玩法

1. 妈妈（或爸爸）身上捆绑毛线，孩子反方向站在妈妈（或爸爸）

毛线转转转 1

的旁边，孩子转动，把妈妈（或爸爸）的毛线转到自己身上。

2. 互换角色操作。

毛线转转转 2

游戏化亲子阅读的建议

　　亲子阅读后，家长启发孩子思考毛线可以怎样玩，讨论结束后按照上述两个游戏的规则进行亲子互动。

（设计者：江门市新会区会城菱东幼儿园　肖翠玲）

如果我们有尾巴

绘本内容介绍

《如果我们有尾巴》([俄]茱莉亚·霍斯特，著；[俄]达利亚·里奇科瓦，绘；邹雯燕，译)讲述的是如果人类有尾巴，我们的生活会是什么样的情景。有些人会期望自己的尾巴长得好看，有些人怕自己的尾巴被踩到。但不管怎么样，尾巴就和我们的手臂或大腿一样寻常。它的用途可多了，用来画画、拎包，还有做各种运动项目……还有很多人会打扮自己的尾巴，例如，佩戴尾巴戒、尾巴夹……

在尾巴人的国度里，你想拥有什么样的尾巴呢？

亲子阅读游戏 1　　抓尾巴

游戏来源

本游戏的设计灵感来源于故事中尾巴被踩的情节。故事讲述了很多人总担心自己的尾巴被别人踩到，但不管怎么样，尾巴可以用来画画、用来弹吉他、用来赶蚊子。

游戏目的

通过游戏发展幼儿追、捉、躲、闪、跑的能力，激发孩子阅读的兴趣。

游戏材料

彩布条（爸爸、妈妈、孩子各 1 条）。

游戏玩法

1. 家长与孩子，各自在后腰系上彩布条做的尾巴。

2. 游戏开始，在规定的范围内跑，家长和孩子都要想办法抓住对方的尾巴，同时要保护自己的尾巴，抓到对方尾巴者为胜。

游戏延伸

若要增加游戏的趣味性，以及培养孩子的数数能力，可以尝试在后腰系上四到五条彩布条，家长与孩子进行竞赛，看谁抢的布条多。

抓尾巴 1　　　　　　　　　　　抓尾巴 2

> **游戏化亲子阅读的建议**
>
> 　　亲子阅读结束后，家长可引导孩子讨论如果我们有尾巴，会发生什么有趣的事情。通过亲子讨论延伸故事内容，激发孩子的想象力与创造力，进而提出用尾巴玩一个有趣的游戏的建议。

亲子阅读游戏 2　　泡泡糖

游戏来源

本游戏的设计灵感主要来源于绘本中提及锻炼尾巴的情节。

游戏目的

训练孩子的反应能力。

游戏准备

熟悉儿歌《泡泡糖》。

游戏玩法

1. 游戏前，先分配好角色，爸爸负责发号施令，妈妈和孩子共同参与游戏。

2. 妈妈和孩子问："泡泡糖、泡泡糖，粘哪里？"

爸爸回应："小手粘饭桌。"

妈妈和孩子按爸爸的指令操作。

3. 重复游戏玩法，爸爸提出由易到难的指令，例如，屁股粘椅子，小脚粘椅子，下巴粘膝盖，等等。妈妈和孩子进行比赛，最先完成指令者为胜。

> **游戏化亲子阅读的建议**
>
> 　　家长在亲子阅读后进行"能干的身体部位"的主题讨论，然后通过游戏与孩子比赛看看谁的身体反应最快。

　　附儿歌《泡泡糖》原文：

泡泡糖、泡泡糖，粘哪里？

小手粘小手，屁股粘屁股，膝盖粘膝盖。

（设计者：江门市新会区会城菱东幼儿园　庄凤秀）

好困好困的蛇

绘本内容介绍

　　《好困好困的蛇》(〔波兰〕麦克·格雷涅茨，文、图；彭学军、徐文婧，译)讲述的是在宁静的夜晚，小蛇特别困，可是它不敢独自睡觉，后来遇到了软绵绵的红气球，小蛇的眼睛才慢慢闭起来了，它的呼吸渐渐变得平稳，然后……它开始用鼻子吸气，用嘴巴呼气，吸——呼——吸——呼——突然，小蛇飞起来了！越飞越高……直到它飞到天上时，气球被一只睡着了的鸟戳破了，所有的人都被惊醒了，小蛇掉在了一朵柔软的云上，又睡着了……

亲子阅读游戏 1　　气球火箭

游戏来源

　　绘本中小蛇睡着后，呼吸渐渐变得平稳，然后……它开始用鼻子吸气，用嘴巴呼气，吸——呼——吸——呼——气球慢慢变大了，由小蛇这个动作想到了"气球火箭"这个游戏。

游戏目的

　　通过亲子互动，激发阅读故事的兴趣，并从中体验快乐；感受气球里的空气往外排出时产生反作用力，体验科学的奇妙。

游戏材料

　　每人1个气球。

游戏玩法

1. 爸爸妈妈和孩子各吹一个气球，用手捏住气球。

2. 其中一人或一起喊口令："3、2、1，放。"三人同时把捏住气球的手放开，气球往不同方向发射。

3. 游戏可反复进行。

游戏延伸

游戏可变换吹的道具

1. 乒乓球。

（1）桌子上做个平面的足球场球门，爸爸和孩子在桌子两边将乒乓球吹进对方的球门。

（2）将乒乓球放进一杯满满的水中，孩子和家长轮流将乒乓球吹出水面。

气球火箭

2. 蜡烛。

点燃 10 根蜡烛，爸爸和孩子轮流将蜡烛吹灭，妈妈当裁判计时，用时最短者胜利。游戏可反复进行。

3. 水。

一个杯子装半杯水，爸爸和孩子分别用吸管伸进水中吹，看谁能不间断地吹出水泡，妈妈当裁判计时，坚持时间最长者胜利。游戏可反复进行。

游戏化亲子阅读的建议

亲子阅读后，家长与孩子一起讨论小蛇做了一个怎样的梦。从梦境延伸到亲子游戏中。

亲子阅读游戏 2　　踩气球大战

游戏来源

绘本中的红气球慢慢变大，越飞越高……直到飞到天上时，气球被一只睡着了的鸟戳破了，发出巨大的响声。这是一个很好的游戏契机，由此想到了"踩气球大战"游戏。

游戏目的

培养安全躲闪能力，发展动作的协调和灵活性；锻炼眼脑配合能力，勇气和胆量；通过亲子互动，激发阅读的兴趣，并从中体验快乐。

游戏材料

每人两个气球、两根橡皮筋。

游戏玩法

1. 游戏开始前，把吹足气的气球绑在小腿踝关节处。

2. 游戏开始，家长和孩子开始互踩对方脚上的气球，同时又要防止别人踩到自己脚上的气球。要求在游戏过程中不能用手。

3. 脚上的气球全部被踩爆后就被淘汰，最后谁脚上剩的气球最多，谁就被评为"小小勇士"。

游戏延伸

根据孩子的发展水平，可以增加脚上气球的数量。

游戏化亲子阅读的建议

此游戏放在亲子阅读的前后均可，若放在阅读前，可通过游戏增强亲子互动，激发孩子的阅读兴趣。家长在游戏后可启发孩子：好困的小蛇也做了一个爆炸梦，我们一起去看看吧。若放在阅读后，则可通过游戏巩固绘本的内容，让孩子阅读后保持愉悦的心情。

踩气球大战

（设计者：江门市新会区会城菱东幼儿园　陈胜兰）

猜猜我有多爱你

绘本内容介绍

　　《猜猜我有多爱你》（［爱尔兰］山姆·麦克布雷尼，文；［英］安妮塔·婕朗，图；梅子涵，译）里有一只像孩子的小兔子和一只像爸爸的大兔子。绘本通过大兔子和小兔子的对话表达"爱"这个主题。小兔子像所有的孩子一样爱比较。它们俩在比赛谁的爱更多一些。大兔子用智慧赢得了比赛，可小兔子用它的天真和想象赢得了大兔子多出一倍的爱。两只兔子都获胜了。

亲子阅读游戏 1　　爱的传话

游戏来源

　　本游戏的设计灵感来源于故事中大兔子和小兔子对话。大兔子和小兔子温馨的对话场景可以延伸到孩子家庭里去。

游戏目的

　　让孩子体验爱与被爱的气氛以及快乐的情感，通过亲子互动与合作，激发孩子阅读故事的兴趣。

游戏材料

　　无。

游戏玩法

1. 对家里的每个人说一句甜甜的悄悄话。
2. 传话的格式：我爱你，就像大海的水一样多；我爱你，沙漠里的沙子有多少，我就有多爱你……

3. 家里人也给孩子回上一句甜甜的悄悄话。

爱的传话 1　　　　　　　　　爱的传话 2

游戏化亲子阅读的建议

　　这是一个亲子阅读后进行的语言游戏，家长可引导孩子发挥想象，模仿绘本的语言风格进行"爱的传话"。

亲子阅读游戏 2　　比一比

游戏来源

　　孩子总喜欢和别人比较，正如故事中的小兔子一样。它想尽办法用各种身体动作、看得见的景物来描述自己的爱意，直到它累得在大兔子的怀中睡着了。

游戏目的

　　通过本游戏让孩子在比较中理解大小、高矮、长短、粗细、厚薄、多少等概念，同时在游戏中体验快乐的情绪。

游戏材料

小球、衣服、珠子。

游戏玩法

1. 跳一跳，比一比，看谁跳得远。

2. 投一投，比一比，看谁投篮多。

3. 穿一穿，比一比，看谁穿衣服快。

4. 拣一拣，比一比，看谁拣的珠子多。

…………

因地制宜，根据家里已有的材料设计"比一比"的游戏，增加亲子互动，鼓励孩子接受挑战。

游戏化亲子阅读的建议

家长可与孩子以角色扮演的方式进行亲子共读，通过肢体动作比画感受角色的特点、理解故事情节以及建立"比一比"的经验，阅读结束后按照游戏的规则进行游戏。

（设计者：中山市小榄明德中心幼儿园　董敏）

不一样的小豆豆

绘本内容介绍

　　《不一样的豆豆》(〔法〕艾瑞克·巴图，文、图；袁筱一，译）讲述的是花园里有一棵豌豆树，所有的小豆豆长得都一样，除了一颗。它跳出豆荚，遇见了孔雀，希望有它那样漂亮的尾巴；遇见了老虎，希望有它那样强壮的体格和好看的虎斑；遇见了大象，希望有它那样威风。聪明的小豆豆真的做到了……当它回到豌豆的队伍中，大家都笑话它。虽然它不一样了，可是还是和大家一样，钻进洞里，发芽，成长。最后，花园里出现了一棵从来没人见过的豌豆树，豌豆树上所有的小豆豆都不一样，而且，它们对自己都很满意。

亲子阅读游戏 1　　我说你做

游戏来源

游戏设计来源于故事蕴含的主题思想，坚持做独特的自己。

游戏目的

通过这个游戏，让孩子敢于跟别人不一样，并体验这种不一样的乐趣。

游戏材料

无。

游戏玩法

1. 要求做的跟说的不一样，如家长说："摸摸你的鼻子。"孩子不能摸鼻子，而是摸其他部位。

2. 家长一边说"请你跟我这样做"，一边做一个动作。孩子说"我就跟你这样做"，但动作不一样。

游戏化亲子阅读的建议

这个游戏既可以放在亲子阅读前，也可以放在亲子阅读后。阅读前主要是为了激发孩子阅读的兴趣，引出绘本的主角"不一样的小豆豆"；放在阅读后，能加深孩子对绘本内容的理解，让孩子在亲子游戏中体验不一样的乐趣。

亲子阅读游戏 2 画出不一样的小豆豆

游戏来源

游戏设计来源于绘本故事的故事情节，那颗不一样的小豆豆最后发芽成长出的所有果实都不一样。

游戏目的

让孩子通过想象设计出不一样的小豆豆，由此发展孩子创造性思维、培养孩子自信心。

游戏材料

A4 纸上画出若干个小圆圈、彩笔。

游戏玩法

1. 纸上画出若干个小圆圈，让孩子设计出不一样的小豆豆，可以鼓励孩子画出表情不一样的、颜色不一样的、装饰不一样的小豆豆。

2. 画完后全家分享自己的小豆豆的特别之处。

游戏化亲子阅读的建议

家长在阅读后引导孩子思考这颗小豆豆有什么不一样，并鼓励孩子画出与众不同的小豆豆。

（设计者：中山市小榄明德中心幼儿园 董敏）

不要再笑了，裘裘！

绘本内容介绍

《不要再笑了，裘裘！》（〔美〕庆子·凯萨兹，文、图；汪芳，译）是一个让人开心又紧张的故事。负鼠妈妈为了让裘裘学会自我保护的能力，让裘裘"装死"，妈妈装成狐狸，在他身上闻啊闻。妈妈还假扮成狼和野猫，他依然笑个不停！有一天，一只凶巴巴的熊出现了，妈妈担心没学会装死又爱笑的裘裘，但裘裘意外地给人惊喜，不管熊怎样闻他、戳他，甚至拎起他晃来晃去，他还是一动不动，像死了一样。这下，大熊戏剧性地哭起来，原来这只凶巴巴的熊想让裘裘逗他笑。善良的裘裘听到了，当然"活"过来了。他告诉大熊很多开心好笑的事，大熊笑起来了，其他小动物也跟着一起笑了。

亲子阅读游戏 1　　我是木头人

游戏来源

本游戏的设计灵感来源于故事情节，故事中负鼠妈妈假扮成各种猛兽在裘裘身上闻啊、戳啊、晃啊，裘裘总是忍不住笑，让孩子在玩的过程中感受裘裘的心情变化。

游戏目的

通过亲子游戏互动，激发孩子阅读故事的兴趣，增强亲子感情。

游戏材料

无。

游戏玩法

孩子当木头人，爸爸（或妈妈）念儿歌《木头人》：我是一个木头人，不许说话不许动，当念到"不许动"时，孩子就停下来。爸爸（或妈妈）在孩子身上闻啊、戳啊、晃啊，孩子也不能笑、动和说话；一旦谁忍不住笑了或发出声音，谁就输了。游戏可互换角色进行。

游戏化亲子阅读的建议

亲子阅读后，家长与孩子讨论喜欢的故事情节，例如，裘裘最厉害的本领是什么呢？你可以跟裘裘一样厉害吗？进而通过游戏的形式结合角色特点进行亲子互动。

亲子阅读游戏 2　　情绪万花筒

游戏来源

故事中看似长得凶巴巴的大熊却因为"裘裘的死"伤心地哭了，最后还学会了哈哈大笑。大熊的喜怒哀乐全都表现出来了，由此设计一个游戏，让孩子在表情卡中学会辨识与表达自己的情绪。

游戏目的

强化孩子在故事中的感受，认识自己的情绪，学会初步调节情绪，使家长能更加了解孩子的内心世界，引导孩子学会用正确的方式处理各种情绪。

游戏材料

自制喜、怒、哀、乐各一张表情卡。

游戏玩法

1. 亲子自制四张表情卡。

2. 孩子与爸爸（或妈妈）由下至上手叠着手，剩下一只手进行点数，一起念童谣："点指兵兵，点指兵兵，点到谁人做大兵"。从上到下，再从下到上，按顺序数，点到谁做兵就可以抽表情卡，根据表情卡做出

情绪万花筒 1

相应的表情和动作并说出心里话，让其他家庭成员猜一猜抽到的是什么。

游戏延伸

设计《心情记录本》，记录孩子每天的心情，家长可以在本子上留言。

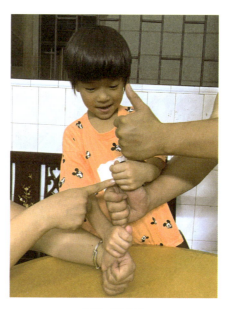

情绪万花筒 2

游戏化亲子阅读的建议

亲子阅读后，家长与孩子共同谈谈裘裘经历的心情变化，并带动孩子了解自己的情绪，进而通过情绪游戏来认知与表达情绪。

（设计者：江门市新会区会城菱东幼儿园　梁仲爱）

我有友情要出租

绘本内容介绍

　　《我有友情要出租》（方素珍，文；郝洛玟，图）讲述的是一只大猩猩在森林里很孤单寂寞，没有朋友，于是它就在森林里写了一个"我有友情要出租"的牌子，用"一小时五元钱出租友情的方式"找朋友。有一天，一位叫咪咪的小女孩经过看见了，就想和大猩猩交朋友，但她钱不够，只有一毛钱。大猩猩说可以，于是咪咪每天都来租友情，也付了租金，他们在游戏中玩得很开心。后来有一天，大猩猩不想收咪咪的钱，还给咪咪准备了好多好吃的东西，可是等来等去都等不到咪咪的出现，大猩猩很失望。终于有一天，一辆汽车开了过来，咪咪说："我没有钱了，而且我们要搬家了，再见！"咪咪留下了她的布娃娃就走了，大猩猩很难过，它又没有朋友了。

亲子阅读游戏　　石头、剪刀、布

游戏来源

本游戏的设计灵感来源于故事中呈现的"石头、剪刀、布"情节。

游戏目的

源于故事情节的游戏让孩子体验故事人物玩游戏时的心情，通过亲子的互动与合作，激发孩子阅读故事的兴趣，提升孩子对故事的理解水平。

游戏材料

无。

游戏玩法

1. 家长与孩子一起商量"石头、剪刀、布"的游戏规则：什么情况下为赢，赢之后有何奖励。

2. 爸爸妈妈和孩子一起说："石头、剪刀、布。"当说到"布"的时候，一起伸出手。

3. 增加游戏的趣味性，石头、剪刀、布除了用手部来表示，还可以用身体来表示。例如，手脚全打开为"布"，两手胸前交叉为"剪刀"，蹲下双手抱膝盖为"石头"。

石头、剪刀、布

游戏化亲子阅读的建议

　　此游戏可安排在阅读前，通过游戏使亲子关系迅速升温，让孩子以积极的情绪投入亲子阅读活动。家长可在游戏结束后提示孩子：绘本里的小猩猩也会和朋友玩这个游戏，一起来看看发生了什么事情吧？进而引入绘本阅读。

（设计者：江门市外经贸幼儿园　黎美玲）

小猪变形记

绘本内容介绍

　　《小猪变形记》（［英］本·科特，文、图；金波，审译）讲述了一个风趣幽默的故事，故事中的小猪觉得做小猪很无聊。于是，它跑出去，找来一对高跷，把自己装扮成长颈鹿，一会儿又用颜料把自己涂成斑马，一会儿又在鼻子上绑塑料管装扮成大象，一会儿又踩弹簧装扮成鹦鹉……一路上，它遇到了许多滑稽、搞笑的事情。最后它发现当小猪才是最开心的，做自己才是最幸福的。

亲子阅读游戏 1　　心有灵犀——你比我猜

游戏来源

　　本游戏设计来源于故事情节。小猪为了过得更幸福开心，根据一些动物的主要特征来进行模仿装扮。如，小猪踩高跷来模仿长颈鹿，在自己身上涂黑白相间色来模仿斑马，等等。

游戏目的

　　认识故事中出现的各种动物和它们的特征；通过游戏锻炼孩子的表达能力、表现能力和反应能力。

游戏材料

　　动物图片若干，其中要包含长颈鹿、斑马、大象、袋鼠、鹦鹉、猴子。

游戏玩法

1. 妈妈在动物卡片中，随机抽取一张，并向孩子展示。

2. 孩子看到妈妈展示的图片后，用肢体动作向爸爸展示动物的某一个或多个特征。

3. 爸爸通过孩子的肢体动作来猜出动物名称。

4. 更换一批动物卡片，由爸爸做动作，孩子猜。

心有灵犀——你比我猜 1

游戏延伸

除了猜动物外，本游戏还可以猜职业、日常用品、体育项目、食物、电器等，通过游戏增强孩子的兴趣感，让孩子更容易掌握知识。

心有灵犀——你比我猜 2

游戏化亲子阅读的建议

亲子阅读后，家长与孩子一起回顾小猪都想变成哪些小动物，这些小动物的主要特点是怎样的，进而提议通过游戏来进行比赛，让游戏从阅读中来，到阅读中去。

亲子阅读游戏 2　　踩"高跷"接力赛

游戏来源

本游戏的设计灵感来源于故事情节：小猪看到长颈鹿在吃树上的叶子，觉得做长颈鹿很刺激，所以自己做了一对高跷，踩着去散步。

游戏目的

通过游戏增强孩子手脚的协调能力；锻炼孩子的身体平衡能力；增进亲子感情。

游戏材料

雪糕桶 2 个、高跷 2 个。

踩"高跷"接力赛 1

游戏玩法

1. 爸爸做"高跷"，孩子双脚踩在爸爸的脚背上，双手拉紧爸爸的双手。

2. 孩子发出指令（左、右或 1、2），孩子双脚踩在爸爸的脚背上，跟着爸爸的手脚节奏向前走。

3. 走到第一个雪糕桶处，妈妈作为"高跷"进行接力，孩子踩在妈妈脚背上，继续发出指令往前走，走到第二个雪糕桶处。

4. 孩子踩在真的高跷上，继续独自前行，向终点出发。

游戏延伸

本游戏可两组或多组家庭进行比赛。

踩"高跷"接力赛2

游戏化亲子阅读的建议

　　此游戏可以衔接"心有灵犀——你比我猜"的游戏，家长可通过该游戏巩固阅读内容并重点引出长颈鹿这个角色，接着家长呈现游戏材料，通过材料激发孩子的参与积极性，并在游戏中体会小猪模仿长颈鹿时的心情。

（设计者：鹤山市碧桂园幼儿园　冯永坚）

丽塔和鳄鱼去钓鱼

绘本内容介绍

　　《丽塔和鳄鱼去钓鱼》（〔丹麦〕希瑞·梅尔希奥，文、图；林昕，译）讲述的是一个叫丽塔的小女孩和一条鳄鱼相处的故事。一个晴朗的早晨，丽塔在她的浴缸里发现了一条鳄鱼。她们决定去厨房做早餐，丽塔对鳄鱼摔烂碟子的行为非常不满，对自己煮糊了一大锅粥却视而不见。接着她们一起去钓鱼了，一路上，丽塔一副自以为是的样子，对鳄鱼很不满意。她嘲笑鳄鱼走路太慢，叮嘱鳄鱼不要粗心大意，提醒鳄鱼钓鱼时必须这样做那样做。当没有钓到鱼的时候，她责备鳄鱼太吵了，导致鱼跑了……而鳄鱼呢，总是一副温厚老实的样子，面对丽塔一次次的责备与埋怨从不反击，它默默地做好自己。最后，鳄鱼钓了一条又一条鱼，回到家里给丽塔做了丰盛的晚餐。看到这一切，丽塔对鳄鱼改观了。

亲子阅读游戏 1　　卡片接龙

游戏来源

　　本游戏的设计灵感来源于故事情节：鳄鱼钓到了一条又一条鱼，各种各样的鱼身上有不同的图案。

游戏目的

　　通过游戏引导孩子认识各种各样的鱼身上的颜色、条纹等特征；通过亲子互动与合作，激发孩子阅读故事的兴趣，提升孩子的反应能力和语言表达能力。

游戏材料

小鱼卡片。

游戏玩法

1. 自备各种各样的小鱼卡片，家长带领孩子熟悉各种鱼儿的特征，如花纹、颜色、形状、名称等。

卡片接龙 1

2. 家长与孩子随机分配小鱼卡片若干，通过猜拳的方式决定谁先开始，开始者先摆出一条"鱼"，另一方开始接龙，接龙的"小鱼"必须跟前一条"小鱼"有共同特征，同时接龙者要说出两条"小鱼"的一个共同特征。例如，"它们身上有相同的黄色花纹"，直到把卡片接龙完毕。

游戏延伸

为增加游戏难度，规则可调整为接龙小鱼卡片时要说出两个共同特征。

卡片接龙 2

游戏化亲子阅读的建议

亲子阅读后，家长与孩子一起展开联想：小鳄鱼都会钓到哪些鱼呢？然后呈现游戏材料，讲解游戏玩法，开展亲子游戏，让阅读自然渗透到亲子互动中。

（设计者：江门市新会区会城菱东幼儿园　陈瑞云、肖翠玲）

亲子阅读游戏2　　我有你没有

游戏来源

本游戏设计来源于绘本所表达的主题思想。故事中丽塔的自高自大与鳄鱼的温厚老实形成了鲜明的对比，绘本启发了读者去反思：每个人都有优点与缺点，要用客观的态度去面对。由此设计出"我有你没有"的游戏。

游戏目的

通过本游戏引导孩子们加深对自我的认识，激发孩子的自我效能，提升亲子间互动，营造积极互助的家庭氛围。

游戏材料

无。

游戏玩法

1. 家庭成员通过猜拳的方式决定游戏开始者、游戏次序。

2. 开始者选择旁边一位家庭成员进行观察思考，然后表达一样自己拥有而对方没有的特征或物品。例如，我有红红的发夹你没有，我有轮滑你没有……（说出一个即可）

3. 按照游戏的次序，第二个家庭成员按照步骤2操作。

4. 家庭成员轮流表达，当某家庭成员表达不出时，第一轮游戏就结束。表达不出者为失败方。

5. 家庭成员可共同商量，针对游戏失败方制定简单的惩罚规则。

> **游戏化亲子阅读的建议**
>
> 亲子阅读后，亲子间可以各自说说喜欢的角色是谁，谈谈彼此感受。通过讨论使故事的角色形象更鲜明立体，从故事角色延伸到家庭成员，通过游戏"我有你没有"进行家庭成员的有序互动。

（设计者：广东江门幼儿师范高等专科学校　黄永娴）

猜猜看！这是谁的声音？

绘本内容介绍

《猜猜看！这是谁的声音？》（[克罗地亚] 薛蓝·约纳科维奇，故事、绘；柳漾，著）是一本知识与趣味兼备的创意图画书。绘本用声音引出故事：谁一大早就叫大家起床？喔喔喔——谁的奶香甜又有营养？哞哞哞——谁再累也会一袋一袋为主人驮东西？昂昂昂——谁能远征千里，也愿意做送货这样的小事？咴咴咴——谁又在偷谷子吃——吱吱吱……匠心独运的折页设计，让孩子不断地收获惊喜。

亲子阅读游戏 1   有趣的声音

游戏来源

本游戏的设计灵感来源于绘本中呈现的内容。绘本其中一个页面出现了奶牛，它发出了哞哞哞的声音。这一场景很容易刺激孩子对牛的声音产生联想，由此设计该游戏，引发孩子更多的思考。

游戏目的

通过亲子间问答游戏，激发孩子的想象力，让孩子在游戏中发展各种感官，满足孩子的求知欲。

游戏材料

便利贴若干、不同声音的物品。

游戏玩法

1. 亲子头脑风暴讨论能发出声音的动物与物品有哪些，把这些东西的名字写在便利贴上，每张便利贴写一个物品，之后把便利贴卷好放进一个小罐子里。

2. 家长与孩子轮流从罐子里抽取便利贴，拿便利贴者用肢体动作与声音表达，对方通过观察猜测是什么物品发出什么声音。

3. 猜对者就能获得便利贴。谁的便利贴多，谁就赢。

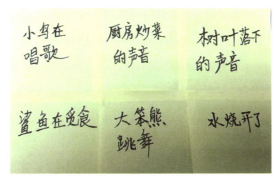

有趣的声音

游戏化亲子阅读的建议

亲子阅读后，家长与孩子回顾绘本中发出声音的小动物都有哪些，除此以外，孩子还知道哪些小动物或物品会发出声音，进而进入游戏"有趣的声音"。

亲子阅读游戏 2 我画你猜

游戏来源

本游戏的设计灵感来源于绘本的主题以及页面设计。绘本以"猜"为主题，同时其中一个页面是一片粉色的田野，再打开折页，画面则变成可爱的小猪一家，这种画面设计能激发孩子的探究欲望，两者结合，设计出"我画你猜"的亲子游戏。

游戏目的

通过本游戏强化孩子在故事中的感受，激发孩子的创作思维。

游戏材料

纸若干、笔 1 支。

游戏玩法

1. 家长与孩子通过猜拳分配好角色：一个是画画者，一个是猜测者。

2. 建议第一轮先由孩子画，家长来猜；第二轮家长来画，孩子来猜。家长作画时尽量选择孩子生活中熟悉的事物或情景，让孩子在游戏中获取熟悉感与成就感。

3. 作画的方式可随孩子的年龄而调整。例如，在纸上作画调整为手心作画、从手心作画到手心写字，从手心写字到后背作画与写字。

> **游戏化亲子阅读的建议**
>
> 　　本游戏的设计来源于绘本呈现内容的方式，亲子阅读后，家长可以发出与孩子共同创作故事的邀请，通过游戏"你画我猜"来进行亲子互动。

（设计者：江门市新会区会城菱东幼儿园　李晴晖、刘燕玲）

让路给小鸭子

绘本内容介绍

　　《让路给小鸭子》（[美]罗伯特·麦克洛斯基，文、图；柯倩华，译）这本书描述了一对鸭子夫妇的寻家之旅。为了寻找一个适合的居住环境，鸭子夫妇不畏辛苦四处寻觅，他们必须带着自己的一大堆孩子穿越交通繁忙的城市。幸运的是，在寻找期间他们得到城中的警察、居民的协助，寻家任务得以顺利完成。绘本在色彩上呈现了几处亮点，重点突出了警察为护送排成一队的鸭子过马路而拦下所有行驶中的车辆这个温情脉脉的情节，透露出人类与动物和谐共生的旨意，传达出对生命的尊重。

亲子阅读游戏　　垃圾分类小能手

游戏来源

　　本游戏来源于绘本中的故事情节：马拉先生和马拉太太为了找一个环境好、有干净水源的地方来孵小鸭子，兜兜转转几次后，终于找到了一个合适的地方安顿了下来。从这一情节发展延伸出环保小游戏。

游戏目的

　　引导孩子明确保护环境的重要性，提高孩子在日常生活中对保护环境的责任意识；了解保护环境的相关知识，熟悉保护环境的途径；学会分类垃圾，合理安排生活中的每一件废品和垃圾，建设与维护美好家园。

游戏材料

　　画有不同类型垃圾图案的小卡片，分类垃圾桶4个。

游戏玩法

1. 认识垃圾，学习垃圾分类，把垃圾小卡片放进相对应的垃圾桶里。

2. 看谁分得快：家庭成员每人抽取10张图片，看谁能在最短的时间内把10张垃圾图分类放好。

活动延伸

待孩子有一定的垃圾分类的基础后，带孩子到有分类垃圾桶的社区体验垃圾分类，把在游戏中学到的垃圾分类小知识直接运用到日常生活中。

垃圾分类小能手1

垃圾分类小能手2

> **游戏化亲子阅读的建议**
>
> 亲子阅读后，家长可以提出以下两个问题引起孩子的思考：小鸭子为什么要搬家呢？如何给他们一个更好的环境？通过问题过渡到亲子游戏。

（设计者：鹤山市碧桂园幼儿园　冯晓婷）

怕浪费婆婆

绘本内容介绍

　　《怕浪费婆婆》（[日]真珠真理子，文、图；蒲蒲兰，译）讲述的是一位"吝啬"婆婆变废为宝的故事。故事中的"怕浪费婆婆"嘴里总是说："太浪费了，太浪费了。"小男孩豆豆每次吃剩的，"怕浪费婆婆"都会把它们吃得一点也不剩；豆豆用剩的，"怕浪费婆婆"总会把它们变废为宝。通过这本书，我们能在快乐中发现节约和环保的好处，感谢大自然的恩赐，从而进一步珍惜和关爱一切的生命和物品。

亲子阅读游戏 1　　小废品大用处

游戏来源

本游戏来源于故事情节。"怕浪费婆婆"总能提出神奇的创意：废纸可做成好玩的恐龙纸偶，短短的铅笔头能变成彩虹笔，橘子皮会带来热烘烘的橘子浴……

游戏目的

在游戏中，传承勤俭节约的精神，体验变废为宝的乐趣。

游戏材料

有废旧物品图案的卡片若干。

游戏玩法

1. 把画有不同废旧物品图案的卡片背面朝上，整齐排列好。

2. 爸爸妈妈和孩子通过"石头、剪刀、布"确定胜出者，胜出者可获得抽卡优先选择权。

3. 胜出者随机抽取一张卡片，依据卡片上的废旧物品，说出它重新利用的用途，说对者可获得这张卡片。例如，抽到吸管，说出吸管可再次利用的途径，则可得到这张卡片。

4. 游戏依次进行，最后获得卡片多者为胜。

游戏延伸

熟悉游戏后，可增加游戏难度，例如，选出一名家庭成员当裁判，裁判随机抽出一张卡片，其他家庭成员轮流说出卡片中所画物品的其中一个再利用途径，答对者得 1 分，答错或答不出来的则得 0 分，看谁得分高。

亲子阅读游戏 2　投纸飞机

游戏来源

本游戏的设计灵感来源于故事情节。故事的其中一个情节是"怕浪费婆婆"把揉皱的纸团展开，咔嚓咔嚓地剪，吧嗒吧嗒地贴成一个怪兽纸偶。

游戏目的

通过亲子的互动与合作，促进孩子社会化发展和动作精细化发展。

游戏材料

废旧纸、纸篓。

游戏玩法

1. 折飞机：爸爸（或妈妈）教孩子利用废纸折各式纸飞机。

2. 画飞机：在纸飞机上做装饰。

3. 投飞机：画出活动区域，在区域中间定界线，孩子和妈妈（或爸爸）各站一边。孩子在一边投掷飞机，家长在另一边拿着纸篓接飞机。

投纸飞机 1

投纸飞机 2

游戏化亲子阅读的建议

亲子阅读后，家长与孩子一起回顾"怕浪费婆婆"把各种"废物"都变成什么，讨论结束后展示游戏材料，参考上述两个游戏方案亲子共同进行游戏。

（设计者：江门市新会区会城菱东幼儿园 冯莹莹）

小猫的生日

绘本内容介绍

《小猫的生日》(王佳园/文)讲述了这样一个故事:小猫过生日,为客人准备生日蛋糕和各种好吃的食物。在生日派对上,突然停电了,大家根据影子来猜测参加生日派对的小动物。最后,电来了,小猫和动物朋友们一起过生日。

亲子阅读游戏 1   小动物来啦

游戏来源

本游戏的设计灵感来源于故事情节,小动物们来为小猫庆祝生日,大家敲响了小猫家的门,到底是谁来了呢?由此设计出游戏"小动物来啦"。

游戏目的

通过猜想游戏增强亲子互动,让孩子在游戏中提升听觉灵敏度、培养想象力。

游戏材料

无。

游戏玩法

1. 家长和孩子商量按照故事情节分配角色,可先由孩子扮演小猫,家长扮演其他小动物。

2. 家长通过变化音色、语速、语调等方法来模仿不同小动物的声音,并说出"小猫,生日快乐!"让孩子根据声音猜猜是什么小动物。猜对后,互相拥抱。

3. 游戏规则熟悉以后,可以角色调换,由家长来扮演小猫,孩子扮演其他小动物。

游戏化亲子阅读的建议

　　此游戏适合放在亲子阅读后，家长可引导孩子回顾故事中有哪些小动物来为小猫庆祝生日，进而按照上述玩法开展"小动物来啦"的游戏，通过游戏深化故事内容，增强亲子互动。

亲子阅读游戏 2　　猜猜这是谁

游戏来源

本游戏的设计灵感来源于故事情节。绘本故事里小猫透过影子猜出哪位朋友来参加生日派对，由此而设计"猜猜这是谁"的游戏，让孩子根据物体的局部猜测整体。

游戏目的

加强孩子的观察能力和判断能力，提升动手操作能力；增强亲子之间的互相合作，营造积极互助的家庭氛围。

游戏材料

纸杯、保鲜膜（塑料胶片）、手电筒、油性笔。

游戏玩法

1. 亲子制作。

（1）把一个纸杯的底部挖空（使用裁纸刀时要注意安全），用保鲜膜包住杯底并固定，用油性笔在保鲜膜上画各种小动物。

（2）把纸杯的另一端套进手电筒里，让手电筒的光透过保鲜膜照出来，打在墙壁上，此时，墙壁则可以呈现各种小动物的局部形象。

2. 亲子互动。

（1）孩子利用光影投射出来的动物局部形象猜测这是什么小动物。

（2）家长可以引导孩子利用投影不同的形象进行故事的创编与表演。

猜猜这是谁 1

猜猜这是谁 2

猜猜这是谁 3

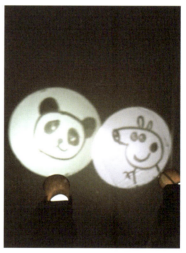

猜猜这是谁 4

游戏化亲子阅读的建议

　　此游戏适合在亲子阅读后进行，家长直接发出游戏邀请即可。

（设计者：江门市新会区会城菱东幼儿园　邹艳玲）

好饿的毛毛虫

绘本内容介绍

《好饿的毛毛虫》（［美］艾瑞·卡尔，文、图；郑明进，译）讲述了一个毛毛虫如何蜕变成蝴蝶的故事。一条毛毛虫从卵里爬出来，吃了很多东西后慢慢长大，又肥又大的毛毛虫开始沉睡在自己建造的蛹里头，经过两个多星期的蛰伏，终于蜕变成美丽的蝴蝶。

亲子阅读游戏 1　毛毛虫吃水果

游戏来源

本游戏的设计灵感来源于故事中毛毛虫吃水果的情节。用长袜子代表毛毛虫，用海洋球代表各种水果，按毛毛虫吃水果的顺序与数量把海洋球放入袜子内代表给毛毛虫投食的过程。

游戏目的

通过喂毛毛虫吃东西的过程练习按物点数。

游戏材料

长袜子、各色海洋球。

游戏玩法

1. 和孩子一起把长袜子改造成毛毛虫的形象，把海洋球当成毛毛虫的食物。

2. 边讲故事边按照故事情节把与水果的颜色和数量相对应的海洋球投入袜子内。

游戏延伸

可进行故事创编，创编更多的食物造型。

游戏化亲子阅读的建议

　　亲子阅读前，家长可引导孩子观察毛毛虫，并完成游戏中毛毛虫及其食物的制作，利用自制毛毛虫带动整个阅读的过程，阅读后引导孩子思考毛毛虫接下来会吃什么，通过游戏丰富和延展绘本阅读的内容与深度。

（设计者：中山市小榄明德中心幼儿园　焦淑艳）

亲子阅读游戏 2　　破蛹而出变蝴蝶

游戏来源

游戏设计源于故事情节。《好饿的毛毛虫》展示了毛毛虫的成长过程。它从一条小毛毛虫变成胖嘟嘟的大毛毛虫，并努力地破蛹而出，变成一只美丽的蝴蝶。

游戏目的

引领每一个家庭成员要学会发现彼此的优势与能量，强化亲子间的鼓励与互动，营造积极互助的家庭氛围。

游戏材料

卡纸、剪刀、双面胶。

游戏玩法

1. 亲子制作蛹和蝴蝶，蛹代表家庭成员的愿望，蝴蝶代表家庭成员的做法。

2. 开始第一轮游戏：每一个家庭成员以"我的愿望是……"的句式说出自己心中的愿望，并把写有愿望的小圆纸贴在蛹上。

3. 第二轮游戏：每个家庭成员以"我要做到……"的句式说出自己的做法，完成行动者获得一张红花贴纸（不同的成员使用不同的贴纸）作为奖励，并把贴纸贴到蝴蝶的空白斑纹处，比一比，谁的贴纸多。

4. 蝴蝶制作完成，挂在墙壁上，以便互相激励，并在生活中及时补充。

破蛹而出变蝴蝶1

破蛹而出变蝴蝶2

游戏化亲子阅读的建议

　　亲子阅读后，家长引导孩子回顾毛毛虫的成长过程，并启发孩子思考：毛毛虫在蛹里会想什么呢？从而延伸到游戏中。

（设计者：江门市外经贸幼儿园　樊浩雯）

第五章　游戏化亲子阅读：

5～6岁篇

卵，如此安宁

绘本内容介绍

　　《卵，如此安宁》（［美］黛安娜·赫茨·阿斯顿，文；［美］西尔维亚·朗，绘；徐超，译）是一本关于生物科普类的绘本。它主要介绍了 60 多种生物的卵的知识，还介绍了母鸡、大马哈鱼和蝗虫等几种生物的生长发育过程。是一本知识性非常丰富、绘画手法十分细腻、画面精美的绘本。该绘本读起来让人感到温柔、安宁，并且能激发孩子的好奇心、培养孩子的观察力和想象力。书中从卵的色彩、形状、隐蔽方式、大小、质地等方面呈现了卵让人不可思议的多样性和独特性；还把母鸡、大马哈鱼和蝗虫三种不同类别的生物生长发育的特点，通过绘画的方式形成了清晰的对比，让孩子在充满奥秘的生物世界里感受和了解生命产生的奇妙，在孩子的心田里种下对生命的热爱和珍惜的种子。

亲子阅读游戏 1　　快乐飞行棋

游戏来源

　　本游戏的设计灵感来源于绘本的页面设计，绘本中多处地方以两页相连的大页面方式呈现出各种类型的卵或生物，内容非常丰富，适合作为棋盘让家长和孩子通过玩飞行棋的游戏来了解更多卵和生物的特点。5～6 岁的孩子对棋类游戏是非常感兴趣的，这是孩子在玩中学的较好体验之一。

游戏目的

　　了解卵和生物的多样性和独特性，在亲子游戏中激发孩子探索生物世界的好

快乐飞行棋

奇心，发展孩子的观察力和想象力，感受到生命的神奇和美妙；同时让家长和孩子收获简单纯粹的美好亲子时光。

游戏材料

骰子、飞行棋棋子、根据绘本页面改编而成的棋盘。

游戏玩法

1. 爸爸妈妈和孩子一起在绘本中寻找出可以做棋盘的页面。

2. 爸爸妈妈和孩子可以对页面进行创编与修改，例如，把页面复制到白纸上，在纸上选出合适的卵作为棋盘的起点、终点，设计好棋子的行走线路。

3. 参加者（2～4人均可）轮流掷骰子，棋子根据骰子最上面的点数飞行，谁的棋子飞行到哪个位置，谁就要说出该位置的卵的一个特点，若说不出或说错者，其棋子就后退一步。如此类推，以棋子最快走到终点者为赢。此游戏规则也适用于绘本中有许多生物的页面，以游戏了解页面上各种生物的特点。

游戏延伸

当孩子已掌握较多卵或生物的特点时，可在游戏规则中增加难度，如要求游戏参与者说出卵的两个特征，否则后退一步。若参与者能说出卵的三个特征，则可以奖励向前跳一步，以此提高孩子在游戏中参与的积极性、观察力和表达能力。

> **游戏化亲子阅读的建议**
>
> 此游戏适合在亲子阅读后进行，家长在进行游戏前可以先引导孩子回顾这个绘本的名字、回顾棋盘上各种不同的卵或生物，以此巩固孩子对绘本的印象。

亲子阅读游戏 2　　破卵（壳）而出

游戏来源

本游戏的设计灵感来源于绘本的主题思想。《卵，如此安宁》让孩子感受到每个生命的诞生都是神圣、独特且让人感动和喜悦的，从小培养孩子对生命的珍惜与保护，做个心中有爱的人。

游戏目的

本游戏通过引导家庭成员了解生命孕育、生命成长的不同过程，感受生命的珍贵，在潜移默化中知道要珍惜美好生活，学会爱惜生命，从而在家庭中奏响和谐的爱之乐章。

游戏材料

时间标示图（可参照绘本里"孕育生命"的页面中时间轴的图示）。

游戏玩法

1. 父母和孩子一起布置场景，把生物的孕育时间轴在地上摆放好，然后一起商讨分角色扮演生物的卵孕育生命的过程。

2. 可先由孩子当卵，站在相应的时间轴起点处，由妈妈（爸爸）按顺序说出时间点，孩子走到相应的时间轴点并做出相应的卵的孕育状态，直到最后破卵（壳）而出；再和家长互换角色，看谁扮演得最好，谁就可以得到对方的拥抱和亲吻。

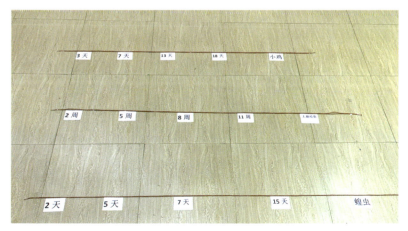

破卵（壳）而出 1

破卵（壳）而出 2

游戏延伸

孩子和家长通过收集更多的生命孕育的图片资料，了解更多不同的生命孕育方式，通过绘画、剪贴等方式亲子制作"生命的密码"绘本。

> **游戏化亲子阅读的建议**
>
> 　　亲子阅读后，家长可直接对孩子发出游戏邀请，在游戏中体验不同的卵的变化与成长历程。

（设计者：江门市外经贸幼儿园　张美莲）

我的地图书

绘本内容介绍

　　《我的地图书》（[意大利]莎拉·方纳利，文、图；赵映雪，译）是一本有趣的绘本，它向我们展示了各式各样的地图：藏宝地图、我的房间地图、我的家族地图、我的一天地图、我的肚子地图、颜色地图、我家附近的地图、我的心地图、我的狗地图、交通地图、我的脸蛋地图和海边的地图。每张地图都别具一格，富有创意，让读者们爱不释手。

亲子阅读游戏 1 寻宝藏

游戏来源

　　本游戏的设计灵感来源于故事中的藏宝地图。藏宝地图是故事的第一张地图——在森林里有一箱宝藏，它被藏到森林的某一个角落。根据地图，我们如何越过森林中的重重障碍，找到宝藏呢？

游戏目的

　　激发孩子的探索精神，培养孩子独立思考的能力。

游戏材料

玩具、七彩骰子。

游戏玩法

1. 妈妈把玩具藏在家里任意的角落。

2. 妈妈出示七彩骰子，说出游戏规则：爸

寻宝藏

爸和孩子轮流掷骰子，掷到红色，就到客厅找宝藏；掷到黄色，就到爸爸妈妈房间找宝藏；掷到蓝色，就到孩子房间找宝藏；掷到绿色，就到厨房找宝藏。

3. 爸爸和孩子把玩具宝藏找出来，看看谁找到的宝藏多，谁就是胜利者。

游戏化亲子阅读的建议

亲子阅读后，家长可与孩子谈谈：如果要写一本"我家的地图书"，你会写什么呢？亲子讨论后，家长提出"寻宝藏"的游戏，进一步激发孩子参与的积极性，增强亲子互动。

亲子阅读游戏 2   颜色格子

游戏来源

本游戏的设计灵感来源于故事中的颜色地图。颜色地图以各种颜色构成一张地图，阅读过程中颜色地图很容易引起孩子的兴趣。

游戏目的

引导孩子分辨不同的颜色，发展身体协调的能力。

游戏材料

不同颜色的卡纸。

游戏玩法

1. 妈妈把不同颜色的卡纸在地上拼成一张颜色地图。

颜色格子

2. 妈妈发出指令，如，两只手摸红色格子，一只脚碰绿色格子，爸爸和孩子根据指令，触摸相应的颜色格子。

游戏延伸

为了增加游戏的趣味性和难度，可以在"地图"上灵活处理，例如，拼成一张数字地图（在卡纸上写上数字）、动物地图（卡纸上画有动物图案）、植物地图（卡纸上画有植物图案）等。

游戏化亲子阅读的建议

此游戏可以安排在亲子阅读前，家长抽取绘本中的"颜色地图"让孩子观察颜色，并提出开展"颜色格子"的游戏，通过游戏激发孩子的互动热情。游戏后家长向孩子提出寻找绘本中"颜色地图"的要求，让孩子带着问题进入亲子阅读的环节。

（设计者：江门市新会区会城菱东幼儿园　陈燕红）

七彩下雨天

绘本内容介绍

《七彩下雨天》(金静华,文;姜香英,图;蒲蒲兰,译)是一本可以激发孩子无限想象的绘本。它讲述了这样一个故事:一个爱幻想的孩子在下雨天开始了一段美丽、神奇、梦幻的七彩旅程。她用多彩的心跟多彩的世界交谈、做游戏,她看见了天空下起了不同颜色的雨,开始对美丽的世界充满好奇和向往。如果下起彩虹色的雨,人们会怎么想呢?动物们会怎么样呢?

亲子阅读游戏 1   雨水作画

游戏来源

本游戏的设计灵感来源于故事中出现红橙黄绿青蓝紫等多种颜色。每一种颜色都有一种旅程,这些颜色到底是怎样的呢?这也是孩子非常想知道的。

游戏目的

让孩子体验故事中七彩雨多彩的变化,通过亲子互动与合作,激发孩子积极参与作画的兴趣,提升孩子的动手能力。

游戏材料

大白纸、各种颜料、笔。

游戏玩法

1. 家长和孩子在大白纸上画上自己喜欢的颜色。

2. 用喷壶喷水代表下雨,把水喷在画有不同颜色的大白纸上。

3. 观察喷壶的水与颜料相混合后发生的变化。

4. 也可以先把纸喷湿，然后滴上颜料。

雨水作画

游戏化亲子阅读的建议

　　亲子阅读结束后，家长可向孩子发出邀请："我们也一起来变出一个七彩下雨天吧！"这句话能瞬间激发孩子的好奇心，并让他保持积极的状态参与游戏。

亲子阅读游戏 2　　水果雨

游戏来源

本游戏来源于绘本内容：如果下起紫色的雨……噼里啪啦。就像从天空中跳下来的葡萄粒，让整个世界充满甜甜的味道！

游戏目的

通过游戏强化孩子对色彩的感受，增进亲子感情，推动亲子间的鼓励与互动，营造积极互助的家庭氛围。

游戏材料

无。

游戏玩法

1. 爸爸、妈妈与孩子分配角色，一人做裁判，其他人来抢答。

2. 裁判问：下雨啦下雨啦，紫色的雨点下什么雨？

3. 抢答者轮流用相对应颜色的水果、蔬菜或其他物品说出这是什么雨，例如，葡萄雨、茄子雨、李子雨……抢答正确最多的一方为胜利者。

游戏化亲子阅读的建议

这个游戏适合以生活化的方式进行，在亲子共读《七彩下雨天》这个绘本后，在吃水果这个生活环节中，家长通过语言带动孩子边吃边玩边想，完成游戏的同时也带领孩子再次进入绘本的画面中。

（设计者：江门市外经贸幼儿园　肖金秀）

狐狸爸爸鸭儿子

绘本内容介绍

　　《狐狸爸爸鸭儿子》(孙晴峰，文；庞雅文，图)主要讲的是一只狐狸当上鸭子爸爸的故事，狐狸觅食时找到一颗鸭蛋，本想吃掉它，贪婪的本性使它更想吃到肥嘟嘟的鸭子。于是它经过21天千辛万苦的努力，终于孵出了一只小鸭子。破壳而出后懵懵的小鸭子追着狐狸喊："爸爸！"狐狸再也不忍心吃掉它。狐狸给小鸭子喂食，笨拙地教它游泳，就这样小鸭子一天天长大了，原本狡猾贪婪的狐狸面对自己辛苦养大的小鸭子，无论如何也狠不下心来吃掉它。

亲子阅读游戏 1 　　护蛋大行动

游戏来源

本游戏的设计灵感来源于故事情节，狐狸小心翼翼地保护了21天鸭蛋。

游戏目的

体验如何保护生鸡蛋，养成认真负责的好习惯。

游戏材料

生鸡蛋。

游戏玩法

1. 家庭成员一人一个生鸡蛋，在鸡蛋上面画上自己喜欢的表情。

2. 在规定时间内每个家庭成员把一个生鸡蛋带在身上，如同自己带着一个小宝宝，不管做什么事情都要把鸡蛋带在身边，同时保证鸡蛋不破裂。

3. 时间一到，就检查鸡蛋的状况。谁的鸡蛋完好无缺，谁就赢。

亲子阅读游戏 2　　我做爸爸，你做宝宝

游戏来源

本游戏的设计灵感来源于绘本主角的心路历程，狐狸当了爸爸，心情复杂。结合 5~6 岁孩子的年龄特点，对狐狸爸爸这个生动的形象进行体验，对孩子来说，是一次富有意义的挑战。

游戏目的

引导孩子在角色体验中理解"爸爸"和"孩子"的职责，增强亲子之间的感情。

游戏材料

扮演爸爸的道具，如领带、假胡须、眼镜等。

游戏玩法

1. 孩子扮演"爸爸"，爸爸扮演"孩子"，进行角色互换与装扮。

2. 孩子扮演"爸爸"，模仿爸爸的说话语气与行为方式。爸爸扮演"孩子"，模仿孩子的说话语气与行为方式。

游戏化亲子阅读的建议

亲子阅读结束后，家长可引导孩子思考：狐狸爸爸做了一件最棒的事情是什么呢？你能像他一样厉害吗？进而发出游戏邀请，家长可带领孩子按照上述两个游戏的方案进行游戏。

（设计者：中山市小榄明德中心幼儿园　刘健敏）

9只小猫呼—呼—呼—

绘本内容介绍

《9只小猫呼—呼—呼—》（［美］麦克·格雷涅茨，著；彭君，译）是一本游戏性与趣味性兼具的认知类绘本。9只不同颜色的小猫整齐排列地睡觉，伴随着翻页，小猫一只只地醒过来，"喵！"1只小猫睡醒了，几只小猫在睡觉？8只小猫在睡觉。1只小猫不见了，8只小猫呼—呼—呼—"喵！喵！"两只小猫睡醒了，几只小猫在睡觉？7只小猫在睡觉。两只小猫不见了，7只小猫呼—呼—呼—绘本的最后一页是一幅充满爱的场景：宝宝们在妈妈的怀里吧唧吧唧地吃着奶。

亲子阅读游戏 1 排排乐

游戏来源

本游戏来源于绘本内容。9只不同颜色的小猫整齐排列地睡觉，伴随着翻页，1只、2只、3只小猫接二连三地睁眼爬走。

游戏目的

发展孩子的记忆力和观察力，提升孩子的空间知觉力。

游戏材料

1块画有九宫格的深蓝色底板、9只颜色不同的小猫图片（正面是闭上眼睛的小猫，背面是睁开眼睛的小猫）。

游戏玩法

1. 家长先让孩子认识九宫格底板。

2. 家长先引导孩子观察绘本 9 只不同颜色的小猫的位置，并把位置记下来。

3. 合上绘本，孩子凭记忆把 9 只不同颜色的小猫摆放在九宫格相对应的位置里。

4. 在孩子完成后，打开绘本页面进行对照，检查每行每列中小猫的位置是否摆放正确。

5. 尝试以白色小猫为中心，说说其他颜色的小猫在白色小猫的哪个方位，例如，红色小猫在白色小猫的上面。

排排乐 1

排排乐 2

排排乐 3

排排乐 4

> **游戏化亲子阅读的建议**
>
> 这是一本认识类绘本，游戏设计来源于绘本内容，亲子阅读前和阅读后，家长都可以发出游戏邀请。

亲子阅读游戏 2　　小猫去哪里了呢？

游戏来源

本游戏的设计灵感来源于绘本故事的情节变化。绘本故事中，"数量变化"是情节发展的主要线索，由此设计游戏让孩子借助实物或情境进行操作，感知数量、颜色的变化并在最后创编故事：小猫都去哪里了呢？

游戏目的

引导孩子感知数量、颜色的变化；通过亲子制作小猫，巩固孩子对颜色的认知；通过改变故事结局，培养孩子的想象力、创作力及语言表达能力。

游戏材料

自制 9 只颜色不同的小猫图片，正面是闭上眼睛的小猫，背面是睁眼睛的小猫。

闭上眼睛的小猫

睁开眼睛的小猫

游戏玩法

1. 亲子制作小猫：爸爸（或妈妈）先把小猫的轮廓画出来后再沿着轮廓线把小猫剪出来（小猫大小一样），一面用画出闭上眼睛的小猫，另一面画出睁开眼睛的小猫，最后由孩子把 9 只小猫涂上不同的颜色，把制作好的小猫（睡着的一面）图片随意排成一行。

2. 边复述故事边操作教具。依据故事的情节翻动小猫图片，例如，说到"喵！1 只小猫睡醒了"，把其中 1 只睡着的小猫图片翻过来，变成 1 只醒着的小猫图片。如此类推，一直到故事结束，9 只小猫全醒过来了。

3. 爸爸妈妈引导孩子改变故事结尾：小猫全醒了，去哪里了呢？孩子大胆展开联想设计故事的结局。

小猫去哪里了呢 1　　　　　　　　　　　　　　小猫去哪里了呢 2

小猫去哪里了呢 3

小猫去哪里了呢 4

小猫去哪里了呢 5

游戏化亲子阅读的建议

　　本游戏由三个部分构成，先根据绘本内容自制 9 只不同颜色的小猫，再利用自制卡片讲述故事，最后创编故事。游戏的操作建立在对绘本内容熟悉的基础上，此游戏适合亲子阅读后开展。

（设计者：江门市外经贸幼儿园　赵秀兰）

中秋节

绘本内容介绍

　　《中秋节》(巨英，文；贠杨，图)是一本原创中华传统节日的立体书，通过一个儿童遥遥期待过中秋节的故事，让读者了解关于中秋节的许多习俗：赏月、祭月、吃月饼、赏桂花、饮桂花酒；聆听关于中秋节的古老传说：兔儿爷、嫦娥奔月、月饼起义……本书将传统节日与绘本故事相结合，运用翻翻、拉拉、立体等工艺，使孩子与图书互动起来，让孩子感受中秋节团圆的美好画面。

亲子阅读游戏 1　　制作月相图

游戏来源

　　本游戏的设计灵感来源于故事中遥遥盼望月亮变圆的情节。月亮为什么会发生圆缺变化呢？这是孩子非常感兴趣的问题，那么，让我们一起来制作不同形状的月亮吧。

游戏目的

　　通过亲子互动与合作，直观、有趣地揭示月亮变脸的秘密，利用月相图加深孩子对月亮变化规律的认识，激发孩子阅读的兴趣。

游戏材料

　　黑色与黄色的超轻黏土若干、盘子 1 个。

游戏玩法

1. 观察月亮的变化，家长给孩子科普月相的知识。

2. 家长带领孩子用黑色的超轻黏土做月亮底托，用黄色做出不同形状的月亮。

3. 对照月相图，用超轻黏土变出 8 个月相。

附:《月相变化歌》

初一新月不可见，只缘身陷日地中。

初七初八上弦月，半轮圆月面朝西。

满月出在十五六，地球一肩挑日月。

二十二三下弦月，月面朝东下半夜。

（月相变化的顺序是：新月—蛾眉月—上弦月—盈凸月—满月—亏凸月—下弦月—残月，不断循环，月相变化是周期性的，周期大约是一个月。）

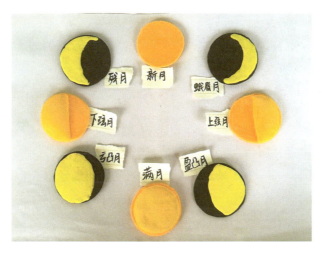

制作月相

游戏化亲子阅读的建议

亲子阅读后，家长可启发孩子思考月亮为什么会发生圆缺变化，并提议一起来制作不同形状的月亮，亲子共同制作月相图。

亲子阅读游戏 2　　创意灯笼

游戏来源

本游戏来源于绘本的主题——中秋节，做灯笼是中秋节的传统活动之一，通过亲子创意灯笼制作，孩子可以体会到浓浓的中秋味，加深对绘本的印象。

游戏目的

弘扬中华民族优秀传统文化，培养亲子间的默契，让孩子感受中秋节的节日气氛，提升家庭幸福感。

创意灯笼

游戏材料

筷子或小棒、红绳、彩色卡纸、剪刀、热熔胶等。

游戏玩法

1. 用筷子或者木棍扎出一个框架结构，用热熔胶固定。

2. 在灯笼的框架的不同面上贴上卡纸，卡纸上可发挥创意，贴上或画上不同的图案。

3. 在框架上系红绳，用一根细长的棍子做手柄。

游戏延伸

灯笼做好以后，为增加游戏的趣味性，可进行亲子猜灯谜。

游戏化亲子阅读的建议

在亲子阅读结束后，家长发出制作灯笼的邀请即可。

（设计者：江门市外经贸幼儿园　何淑芬）

小老鼠的探险日记

绘本内容介绍

绘本《小老鼠的探险日记》（［西班牙］克劳迪娅·露达，文、图；戴兰，译）讲述的是两只小老鼠到野外探险的故事。两只小老鼠想去找野生动物，天还没亮就出发了，在黑暗中一座巨大的山崖挡住了它们的去路，两只小老鼠像登山运动员一样爬了上去，它们遇到了一个长着翅膀的却还蛮友善的怪东西。它们还走到了悬崖边，拿出了奶奶的降落伞降落在了山洞里。当它们又饿又累时，就在两块大石头中间吃东西和睡觉。它们一直找呀找，可都没有找到野生动物。天下起雨来，小老鼠撑着伞就回家了。

它们并没有发现，它们探险的地方并不是大山， 而是它们要找的野生动物——一只大犀牛身上。最后作者把小老鼠们的探险路线图画了出来，原来小老鼠们是从犀牛的屁股开始探险的，然后一路从犀牛的尾部走到了头部，用降落伞从它的头部降落到了头下，接着在犀牛的身下吃东西、睡觉，最后从犀牛的尾部撑伞离开。

亲子阅读游戏 1　趣味拼图

游戏来源

本游戏的设计灵感来源于绘本的页面设计，在绘本故事《小老鼠的探险日记》的页面里，探险地图是一只大犀牛的身体拼图。5～6岁的孩子对拼图游戏是非常感兴趣的。

游戏目的

通过拼图游戏，让孩子感知图片的完整性，培养孩子学会辨别物体细节的能力，锻炼孩子小手的灵活性。

游戏材料

旧杂志、旧报纸、硬纸板、胶水、剪刀。

游戏玩法

1. 带领孩子先观察后描述一张旧杂志或旧报纸。

2. 依据孩子的能力把这张旧杂志或旧报纸剪成若干份，例如，8 份、16 份、32 份等。

趣味拼图 1

趣味拼图 2

3. 亲子拼图：家长和孩子一起把剪下的部件重新拼接，恢复这张旧杂志或旧报纸的原貌。

游戏化亲子阅读的建议

　　亲子阅读结束后，家长引导孩子回顾故事内容，并讨论小老鼠究竟在犀牛的哪些部位进行了探险，帮助孩子形成部分与整体的概念，进而发出开展拼图游戏的邀请。

（设计者：江门市外经贸幼儿园　梁健红）

亲子阅读游戏 2　　我的探险路线图

游戏来源

探险，可以让人领略大自然不为人知的一面，还可以锻炼探险者的毅力和勇气。全家人开展"昆虫秘密""寻宝游戏"等主题探险活动，让孩子准备好一些物品，到大型公园或郊外，按设定主题或任务完成探险旅程，并一起绘制探险地图。

游戏目的

通过绘制属于自己的探险地图，让孩子体会回归自然、增长知识、身心舒展的快乐。

游戏材料

画笔、1 张白纸、探险的相关物品图片、探险的地点图片。

游戏玩法

1. 爸爸妈妈和孩子按照设定的主题，组织一次户外探险活动；

2. 爸爸妈妈与孩子共同商量探险的路线，再共同绘制在大白纸上；

我的探险路线图

3. 探险结束，爸爸妈妈鼓励孩子通过绘画的方式表达探险的所见所感。

游戏化亲子阅读的建议

　　此游戏可以作为亲子阅读后的户外拓展游戏，家长可以与孩子一起回顾绘本的内容，邀请孩子像小老鼠一样来一趟探险之旅。

（设计者：中山市小榄明德中心幼儿园　李敏）

谁的身上有点点

绘本内容介绍

　　《谁的身上有点点》（［英］理查德·伯恩，文、图；李丽华，译）是一个充满童趣的故事，故事中的乔伊得了水痘，只能待在家里。生病太无聊了，豆豆很想出去玩。妈妈告诉他水痘结痂之后再出门，因为他的水痘正在传染期，不能出门。于是乔伊等水痘结痂了之后去公园找到了很多身上有点点的动物朋友，但是他们都不愿意和乔伊一起玩，只有同样长水痘的洛蒂跟他一起玩。后来乔伊的水痘没有了，小动物都来和他们一起玩了。

亲子阅读游戏 1　　点点连线变方格

游戏来源

　　本游戏的设计灵感来源于故事情节，故事中乔伊和他的好朋友洛蒂生病时在家里玩"点点连线变方格"游戏，游戏画面非常有趣好玩，由此而设计出该亲子游戏。

游戏目的

　　强化孩子在故事中的感受，调动孩子已有的点与面的知识经验，让孩子体验点与点之间、线与线之间连接的乐趣。

游戏材料

　　白纸、不同颜色的笔。

游戏玩法

1. 在一张白纸上画好整齐的点点。

2. 孩子和爸爸（或妈妈）用"石头、剪刀、布"决定谁先开始，每人每次画一笔（两点之间），四点间连成正方形即可打"√"，四点间不能连成正方形打"×"，最后谁的"√"多谁赢。

点点连线变方格

亲子阅读游戏 2　**点点创意画**

游戏来源

本游戏的设计灵感来源于故事中乔伊和洛蒂游戏时的情节。故事里乔伊和洛蒂拿着图画本，图画本中有不规则的点点，乔伊和洛蒂安静地拿起笔把点点连起来，乔伊画出一件衣服，洛蒂画出一艘帆船，洛蒂画完后吐吐舌头的样子非常可爱。

游戏目的

通过本游戏强化孩子在故事中的感受，激发孩子的创作思维。

游戏材料

纸和彩色画笔。

游戏玩法

1. 家长在纸上随意分散地点上点点。

2. 孩子把点点连起来（直线或曲线）画成不同形状。

点点创意画

　　备注：孩子第一次玩的时候，家长一开始可以点 5 个点点，在点点旁边标上数字，让孩子尝试按数字序号连起来画。当孩子熟悉了再增加难度，画多一些点点和数字，熟悉后可尝试幼儿点、家长画，最后还可以做成一本《我的点点连线书》。

> **游戏化亲子阅读的建议**
>
> 　　上述两个游戏的设计直接来源于绘本内容，在进行亲子阅读后，家长可对孩子提出一起来玩乔伊和洛蒂玩过的游戏，然后进入游戏。

（设计者：江门市新会区会城菱东幼儿园　邓顺意、李晴晖）

数字在哪里

绘本内容介绍

《数字在哪里》（〔日〕五味太郎，文、图；上谊编辑部，译）是一本关于数学启蒙的绘本。绘本采用各种生活场景呈现"数字无所不在"的概念，从家里到菜市场里和百货公司里、马路上、高速公路上、运动场上、教室里，我们都能发现数字的影子。

亲子阅读游戏 1　　有趣的闹钟

游戏来源

本游戏的设计灵感来源于故事情节：孩子通过时钟可以知道时间，通过日历可以知道日期。由此设计出"有趣的闹钟"的游戏。

游戏目的

认识整点，了解时间与生活的关系。

游戏材料

制作时针、分针能转动的时钟 1 个。

游戏玩法

玩法一：家长与孩子面对面站立，家长向孩子展示时钟上的时间，并发出指令："3 点钟"，孩子用双手做出"3 点钟"的动作，（如图 1）；发出指令"6 点钟"，孩子做出"6 点

有趣的闹钟 1

有趣的闹钟 2

有趣的闹钟 3

钟"的动作（如图 2），如此类推说出不同的时间，当说到"12 点钟"时"闹钟响"两人交换角色。

玩法二：家长与孩子面对面站立，家长做出"3 点钟"的动作，孩子摆弄时钟上的时针和分针并说出"3 点钟"（如图 3），如此类推说出不同的时间，当说到"12 点钟"时"闹钟响"两人交换角色。

备注：家长可以跟孩子约定闹钟响的时间，增加游戏的趣味性。

> **游戏化亲子阅读的建议**
>
> 　　此游戏在亲子阅读前与阅读后都可进行，若在亲子阅读前进行，游戏的作用是激发孩子参与的兴趣；若在亲子阅读后进行，游戏的作用则在于巩固孩子对时间的理解。

亲子阅读游戏 2　　扑克牌游戏

游戏来源

本游戏的设计灵感来源于故事情节：看数字，可以知道有没有中奖。由此设计出玩扑克牌的亲子游戏。

游戏目的

能够给数字熟练地配对，培养孩子逻辑思维能力，锻炼孩子运用策略解决问题的能力。

游戏材料

扑克牌。

游戏玩法

玩法一：抽"乌龟"

1. 两人以上参加玩牌游戏。

2. 从一副扑克牌中随意抽取一张，放一边盖住当"乌龟"，把剩余的牌逐一分给参与者。

3. 每人各自整理手上的扑克牌，把数字相同的两张牌定为"对子"，各人把自己牌中的"对子"全部抽取出来放在一边。

4. 再用猜拳游戏的方式，由赢方先抽输方的牌，若抽出的牌能与自己手中的牌结成"对子"，就抽出放在一边，不能成"对子"的牌则插入自己的牌中，抽牌交替进行。

5. 直至两人手中剩下最后一张牌，将"乌龟"亮出，谁的牌能与"乌龟"成"对子"，谁就输。

玩法二："吃"牌

1. 两人参加游戏，先协商决定玩加法还是减法，8以内的加减最为适宜。

2. 每人摸相等数量的牌进行游戏。

3. 两人同时选出一张牌，谁先算对两张牌相加或相减后的得数，谁就可以将对方的牌"吃掉"；若两人都算不出来或同时算对，就一起将牌放在一边。手中的牌全部算完后，比一比，谁"吃"的牌多，谁就胜。

"吃"牌

游戏化亲子阅读的建议

亲子阅读后，家长与孩子回顾数字的内容与表现形式，并提出用扑克牌游戏进一步认识数字的建议，通过游戏加深孩子对数理关系的理解。

（设计者：江门市新会区会城菱东幼儿园　赵美笑）

疯狂星期二

绘本内容介绍

　　《疯狂星期二》（［美］大卫·威斯纳，文、图）是一本无字绘本，绘本通过画面呈现了一个离奇有趣的故事。星期二晚上 8 点左右，池塘里昏昏欲睡的青蛙被惊醒了！接下来，在荷叶上尽情飞翔的青蛙穿越了城镇的每个角落，感受了一个不平静的夜晚，直到初升的太阳出来，照耀着慢慢恢复平静的城镇。然而，下一个星期二的晚上，房子的外墙上借由路灯的照射，投射出了拐角位置的小猪的影子，接下来，又会发生什么事情呢？

亲子阅读游戏 1　小侦探

游戏来源

　　本游戏的设计灵感来源于故事中的情节：大侦探拿着放大镜，查探荷叶散落满街的原因。

游戏目的

　　通过小侦探寻找物品的游戏，引发孩子对于绘本故事的回忆，激发孩子阅读故事的兴趣，发展孩子的想象力。

游戏材料

　　布娃娃、小玩具等物品，家里做的手绘地图、线索（可画可写）。

游戏玩法

　　1. 爸爸或妈妈当裁判，裁判先设定要寻找的物件，写在纸上密封好，此答案要在游戏最后才能公布。

2. 邀请孩子当小侦探，依据线索帮忙查出是什么物品不见了，并找出物品。

3. 提供一张家里的手绘侦查地图，地图上设计 3～4 个地点，每个地点会留下一个线索，让孩子根据路线去找线索，根据线索去侦察。线索可以这样设计：

（1）线索的描述：可设计为描述物品的句子。例如，这个东西是长长方方的，这个东西上面有数字和符号，这个东西跟电视机有关，这个东西在客厅的。

（2）线索的提示：可点出物品放置的位置。例如，第一，请打开你卧室的书柜里第 2 个抽屉；第二，请翻看爸爸的左边口袋里；第三，请打开冰箱冷藏室的门；第四，请打开客厅电视机右边的红色盒子。

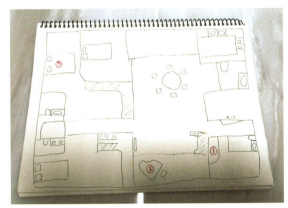

小侦探 1

小侦探 2

小侦探 3

游戏化亲子阅读的建议

这是一本无字绘本，亲子阅读前，家长可带领孩子用"小侦探"的角色进入绘本故事，观察每一个跨页发生的事情；亲子阅读后，"小侦探"的探寻行为自然延伸到游戏情境中。

亲子阅读游戏 2　绘制魔法飞行器

游戏来源

本游戏的设计灵感来源于青蛙们坐着与它们生活相关的荷叶进行飞行的情节。故事中呈现的一种魔法氛围，让大家感受到一种充满想象的神奇力量。

游戏目的

让孩子想象各种小动物会用什么工具进行飞行，并让孩子把自己的想象画出来，培养孩子的想象力和语言表达能力。

游戏材料

白纸、彩笔。

游戏玩法

1. 家长和孩子讨论如何为不同的小动物设计合适的飞行工具。

提示语："青蛙们都乘坐着魔法荷叶去旅行，有许多小动物们也要进行一次魔法旅行，但是它们都还没有找到适合自己的工具进行飞行，我们帮帮它们吧。""小兔子也想去旅行，它平时最喜欢吃胡萝卜了，这个最适合做它的飞行工具啦。"

2. 孩子在白纸上进行动物与飞行器的配对创作。

3. 孩子跟家长分享创作的内容。

> **游戏化亲子阅读的建议**
>
> 　亲子阅读后，家长与孩子一起想想不同的小动物会使用哪些不同的飞行器，并鼓励孩子通过绘画的方式表达出来，通过游戏巩固阅读的内容。

（设计者：中山市小榄明德中心幼儿园　董敏）

方格子老虎

绘本内容介绍

《方格子老虎》（［俄］安德雷·乌萨切夫，文；［德］亚历山大·容格，图；裴莹，译）讲述的是老虎宝宝刚出生时是没有斑纹的，必须由爸爸妈妈帮忙画上黑色条纹，所以老虎爸爸要到专门店买黑色油漆。老虎爸爸为了让儿子与众不同，决定给宝宝画上竖条纹；老虎妈妈却不同意，一定要给宝宝画上横条纹。两个人的意见无法统一。为了使爸爸妈妈停止争吵，小老虎拿起画笔，在自己的身上画了起来，不仅画上了竖条纹，也画上了横条纹。哇！小老虎变成了一只方格子老虎，还成了明星，因为数学家们可以在它身上演算数学题。

亲子阅读游戏 1 三连通

游戏来源

本游戏设计灵感来源于故事中老虎爸爸妈妈给宝宝画条纹的情节。绘本中老虎背上的方格子可以干很多的事情，例如，同学们都喜欢趴在它的背上玩五子棋，甚至还在它身上举办象棋比赛，在亲子互动中也可以借鉴尝试。

游戏目的

通过规则游戏训练孩子的空间想象能力和推理能力。

游戏材料

笔、纸。

游戏玩法

1. 由爸爸（或妈妈）画出"井"字背景图，然后每人准备一支笔。

2. 爸爸（或妈妈）与孩子分别选定代表自己的符号，例如，爸爸选"×"，孩子就选"○"。游戏者轮流在格子里留下标记（一般来说先是"×"）。能最先在任意一条直线上成功连接三个标记的一方为获胜方。

游戏延伸

若要增加游戏的趣味性，可以转变游戏的形式，例如，将 3×3 的格子变为 5×5 的格子玩"五连通"，或将 5×5 的格子变为 9×9 的格子玩"九连通"。

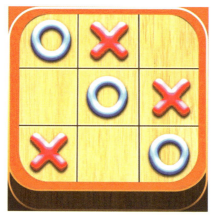

三连通

亲子阅读游戏 2　跳房子

游戏来源

本游戏的设计灵感来源于故事情节，故事中讲到老师在方格子老虎身上写算式题和画数字，让孩子体会到数字的乐趣，从中我们想到了"跳房子"的游戏。跳房子也叫"跳飞机"，是中国民间传统的体育游戏之一，趣味性、娱乐性极强，深受广大儿童的喜爱。

游戏目的

调动孩子参与活动的积极性；锻炼孩子投掷、跳跃、平衡、手眼和手脚协调等能力。

游戏材料

粉笔、沙包或小石块。

游戏玩法

1. 在地面画出跳房子的游戏图。

2. 家长和孩子可根据跳房子游戏图制定游戏规则开展活动。如下图所示，活动可以这样进行：孩子站在第一格线外，将沙包投进第一格，跨过第一格，单脚跳进第二格，单脚跳进第三格，双脚同时跳进第四、五格，然后单脚跳进第六格，再双脚同时跳进七八格，单脚跳进第九格，跳转身后再依次返回至第二格时，单脚站住并用手捡起沙包，跨过第一格跳出线外，然后再将沙包投进第二格。如此依次进行。

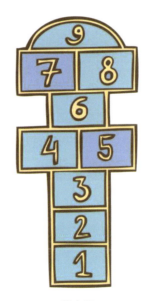

跳房子

游戏化亲子阅读的建议

亲子阅读后，家长与孩子回忆方格子老虎身上的格子都有哪些用途，然后再参考上述两个游戏的方案开展亲子游戏。

（设计者：江门市新会区会城菱东幼儿园 李俭寅）

昆虫游园会

绘本内容介绍

　　《昆虫游园会》（[日]得田之久，文；[日]久住卓也，图；彭懿，译）是一本以昆虫为主题的绘本。作者将昆虫的生态知识融入捉迷藏、远足、音乐会、游园会、运动会等极具趣味性的活动中。"咚——咚！咚咚咚咚！"昆虫游园会开始喽！昆虫们的小店里，卖的都是自己的拿手绝活。天牛和金龟子会做漂亮的面具，胡蜂会做坛子，蜘蛛的跳跳床好玩极了……如果饿了的话，可以去小吃店买点好吃的。咦？竟然还有卖粪球的呢！你喜欢谁的拿手绝活呢？

亲子阅读游戏 1　　做面具

游戏来源

　　本游戏的设计灵感来源于故事情节。天牛和金龟子会做漂亮的面具，它们都是用各种各样的树叶来做不同的面具的，昆虫们都想买这些面具。

游戏目的

　　通过剪纸活动锻炼孩子的精细动作，引导孩子大胆地表达自己的想法，激发孩子想象与创造的兴趣。

游戏材料

　　彩纸、剪刀、胶水。

游戏玩法

1. 家长和孩子一起探讨各种动物的面部特征。

2. 亲子共同利用彩纸制作动物面具，制作过程中注意突出动物的主要特征，例如，兔子面具要突出兔子两只长耳朵的特点。

做面具

游戏化亲子阅读的建议

亲子阅读后，家长引导孩子回顾故事中小昆虫们都有什么绝活，从而引出天牛和金龟子的面具，结合规则开展游戏。

亲子阅读游戏 2 　图案对对碰

游戏来源

本游戏的设计灵感来源于绘本的页面设计和故事内容。绘本中有一个"瓢虫图案对对碰"的页面，这个页面充满游戏的元素，由此设计了"瓢虫图案对对碰"的游戏，亦可从阅读中的游戏延伸至阅读后，由此而设计了"图案对对碰"游戏。

游戏目的

通过游戏强化孩子在故事中的感受；锻炼孩子的观察能力、思维能力、反应能力；增强亲子间的互动，营造积极互助的家庭氛围。

游戏材料

扑克牌两副。

游戏玩法

1. "瓢虫图案对对碰"游戏的玩法。

（1）家长翻开绘本中"瓢虫图案"的页面。

（2）引导孩子找出图案一样的瓢虫。

（3）家长与孩子进行比赛，谁找得多，谁就是胜利者。

2. "数字图案对对碰"游戏的玩法。

（1）两人一组开始游戏，每人发 1～10 号花式相同的扑克牌各一张。

（2）把双方的扑克牌数字次序随意打乱后，整齐地放成两排（图案对对碰 1）。

（3）观察 10 秒，然后把扑克牌翻转，使数字面朝下（图案对对碰 2）。

图案对对碰 1

图案对对碰 2

图案对对碰3

（4）两人轮流翻牌，每次翻牌两张，翻出完全一样（数字与花式相同）的扑克牌可以拿走，直到扑克牌全部拿走，谁拿得多，谁就胜出（图案对对碰3）。

活动延伸

在"图案对对碰"中亲子可随时增加扑克牌的数量来提高游戏的难度，从而锻炼孩子的记忆能力和观察力。

> **游戏化亲子阅读的建议**
>
> 　　亲子阅读过程中，当读到"瓢虫图案对对碰"的跨页时，家长可引导孩子找出图案一样的瓢虫。阅读结束后，家长出示游戏材料，并鼓励孩子接受难度更大的挑战，从而引出"图案对对碰"的游戏。

（设计者：江门市新会区会城菱东幼儿园　李俭寅、吕桂桃）

公主和小马

绘本内容介绍

　　《公主和小马》([加]凯特·毕顿，著；余治莹，译）是一个充满幽默感的故事，故事中战士王国里的松果公主特别想收到一匹有战斗力的马作为生日礼物，但是她却收到了一匹又矮又胖还会放屁的小马；而且，无论松果公主怎样训练，小马似乎都没有任何成为一匹强壮的战斗之驹的天分。比赛的日子终于到来，经过一番激烈的战斗以后，最强大的战士恐怖奥图出场了，就在大家心惊胆战的时候，小马用萌萌的可爱模样吸引了恐怖奥图的目光，软化了他的心，最后，所有的战士都被这匹小萌马战败了，松果公主和她的小马成为战士王国的最强战士。

亲子阅读游戏 1　　纸团大作战

游戏来源

　　本游戏的设计灵感来源于故事中呈现的战斗情节。战士王国里准备开战了，战斗的方式非常特别，战士们互相投掷毛线球、纸球等，场面非常壮观且有趣，这也是孩子们非常期待的。

游戏目的

　　让孩子体验故事人物的喜怒哀乐，通过亲子互动与合作，激发孩子阅读故事的兴趣，提升孩子的内在力量。

游戏材料

　　报纸若干。

游戏玩法

1. 爸爸妈妈和孩子利用旧报纸制作 10 个纸球。

2. 在活动区域的中间划定界线，爸爸（或妈妈）当裁判员，孩子和妈妈（或爸爸）各站一边。

3. 游戏开始后，孩子和妈妈（或爸爸）往对方的区域投掷纸球，裁判员负责控制时间，时间到，则比赛结束。谁的区域获得的纸球多，谁就是胜利者。

游戏延伸

若要增加游戏的趣味性，可以变化游戏的形式，例如，把互相投掷的环节调整为孩子投掷纸球，爸爸（或妈妈）拿篮子接球。

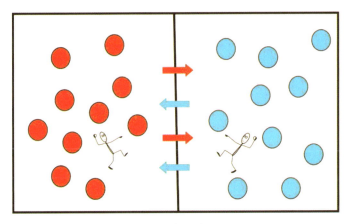

纸团大作战

游戏化亲子阅读的建议

亲子阅读结束后，家长提议与孩子一起进行一场战斗，让孩子以故事中公主和小马的角色进入游戏，进行亲子互动。

亲子阅读游戏 2   **爱的能量树**

游戏来源

本游戏的设计灵感来源于故事表达的主题思想。《公主和小马》让孩子知道看似长得不尽如人意的小马却成了最后的胜利者，看似铁面无情的战士却需要

爱的能量树

最温柔的拥抱。每一个生命都有着自身的优势，每一个个体都有着或许看不见的内心需求。这是绘本蕴含的主题，我们可以根据主题设计游戏，让孩子认识自己的优势。

游戏目的

强化孩子在故事中的感受，同时引领每一个家庭成员要学会发现彼此的优势与能量，强化亲子间的鼓励与互动，营造积极互助的家庭氛围。

游戏材料

卡纸、剪刀、双面胶。

游戏玩法

亲子制作能量树，树干代表家庭，树枝分别代表不同的家庭成员，大树轮廓制作好以后，开始第一轮游戏："我很棒，因为……"，每一个成员都说出自己的优势，每说出一个优点就在树枝上贴上一片叶子。第二轮游戏："你很棒，因为……"，说出家庭其他成员的优点，每说出一个就在对应的树枝上贴上一片叶子。能量树制作完成，挂在墙壁上，并在生活中及时补充。

游戏化亲子阅读的建议

亲子阅读后，家长可与孩子谈谈公主和小马身上都有哪些优点，进而延伸到家庭成员之间的相互分享。

（设计者：广东江门幼儿师范高等专科学校　黄永娴）

狼婆婆

绘本内容介绍

《狼婆婆》（［美］杨志成，文、图；林良，译）讲述了这样一个故事：很久以前，妈妈出门，留下了阿珊、阿桃和宝珠三个女儿在家里。狼知道了以后，伪装成婆婆来敲门，三个女儿开门了，她们质疑"狼婆婆"的身份。经过三番两次的确认，孩子们知道进屋的不是婆婆而是狼，于是阿珊想出办法把大灰狼骗出屋子，让狼爬上白果树。最后，大灰狼从树上摔下来，摔死了。

亲子阅读游戏 1 　老狼老狼几点钟

游戏来源

本游戏的设计灵感来源于故事中呈现的情节：狼乔装成外婆，想骗阿珊、阿桃和宝珠上钩，吃掉她们。女儿们陷入险境，后续发展是孩子十分好奇的。

游戏目的

让孩子体验喜怒哀乐，通过亲子互动与配合，激发孩子阅读的兴趣。

游戏材料

动物头饰。

游戏玩法

1. 根据家里的情况确定一个安全地带，这个安全地带可以是家里某个房间，也可以是阳台上放置的小帐篷，还可以是家里某个区域。

2. 某个家庭成员戴上动物的头饰，扮演老狼。

3. 游戏开始时，其他家庭成员问："老狼老狼几点钟？"老狼的扮演者回答："一点钟。"其他家庭成员向前走一步。老狼的扮演者回答："两点钟。"其他家庭成员向前走两步。如此类推。如果换上其他动物如小羊的头饰，其他家庭成员就问："老羊老羊几点钟？"

4. 如果老狼回答："开餐啦！"其他家庭成员要立马跑到安全地带。谁在非安全地带被老狼抓住，谁就输。

5. 家庭成员可以互换角色玩这个游戏。

老狼老狼几点钟 1

老狼老狼几点钟 2

游戏化亲子阅读的建议

　　此游戏适合在亲子阅读前进行，通过游戏激发孩子的阅读兴趣，引出狼的角色，介绍主题。

亲子阅读游戏 2 猜猜看

游戏来源

本游戏也是源于故事中某个情节：阿珊和宝珠触摸大灰狼的尾巴和利爪，发现到"婆婆"的不对劲。最后开灯一看，发现原来是一只大灰狼。

游戏目的

强化孩子在故事中的感受，增强孩子对动物的认知，促进亲子关系，营造积极的家庭氛围。

游戏材料

会发出声响的小动物道具、动物卡片。

游戏玩法

玩法一：孩子用布蒙上眼睛，家长捏一捏会发出声音的小动物道具，让孩子猜一猜是什么小动物。

玩法二：妈妈作为裁判，任选一张小动物的卡片，爸爸通过肢体语言表现动物形象，让孩子猜猜这只小动物是什么。

猜猜看——玩法一猜猜看——玩法二

游戏化亲子阅读的建议

此游戏适合在亲子阅读后进行，家长可直接向孩子发出游戏邀请。

（设计者：江门市外经贸幼儿园 谭素仪）

结　　语

——来自家长和孩子的心声

　　游戏化阅读在早期亲子阅读中是否可行？我认为最有发言权的就是家长和孩子。

　　当家长使用本书的案例与孩子进行游戏化亲子阅读后，早期游戏化亲子阅读获得家长一致的肯定，也深受孩子们的喜爱。

　　有位家长与孩子阅读绘本《猜猜我有多爱你》，使用了书中提供的游戏"爱的传话"后，家长反馈说："玩游戏的时候跟孩子说了几句甜甜的悄悄话，感觉跟孩子亲近了许多，关系也融洽了很多，感受到了彼此的爱。"还有一位"二孩"妈妈也用了这个游戏进行亲子阅读，她感到尤为甜蜜。因为两个孩子相隔10年，老大已经差不多16岁了，已经不再习惯跟家人用这么腻歪、亲近的方式相处，正好有二胎填补了这个空白！实践中孩子们在跟家长进行游戏化亲子阅读时，兴致普遍都很高！在阅读绘本《疯狂星期二》时，有位家长说道："在阅读后开展小侦探的游戏时，游戏引起了孩子浓烈的好奇心并大大满足了孩子的探究欲望。不管是家长还是孩子都能在游戏的过程中体验到快乐，对于再次阅读绘本也有了不一样的视角体验以及更浓厚的兴趣。"

　　同时，我们在探索中也发现每一位家长都有设计亲子阅读游戏的潜能。有位家长是一名中学物理教师，他在跟孩子阅读《影子》时，信心满满地对幼儿园老师说他设计的影子游戏会比案例中提供的游戏更好玩。又如，在绘本《猜猜我有多爱你》的亲子阅读中，有位家长按照"比一比"游戏方案操作，之后她玩出了新花样，根据家里现成的材料，因地制宜地玩，玩得很愉快；而且还总结了经验：由于大人比孩子经验丰富，一般在这些"比一比"的小游戏中都会"赢"小孩，但为了满足孩子的自信心，大人有的时候可以适当示弱。

　　家长们反馈的意见和建议，给予了我们继续探索早期游戏化亲子阅读的莫大动力。此书的 58 个案例仅是起抛砖引玉的作用，希望以此书开启家长们游戏化阅读的智慧，让孩子们爱上阅读！